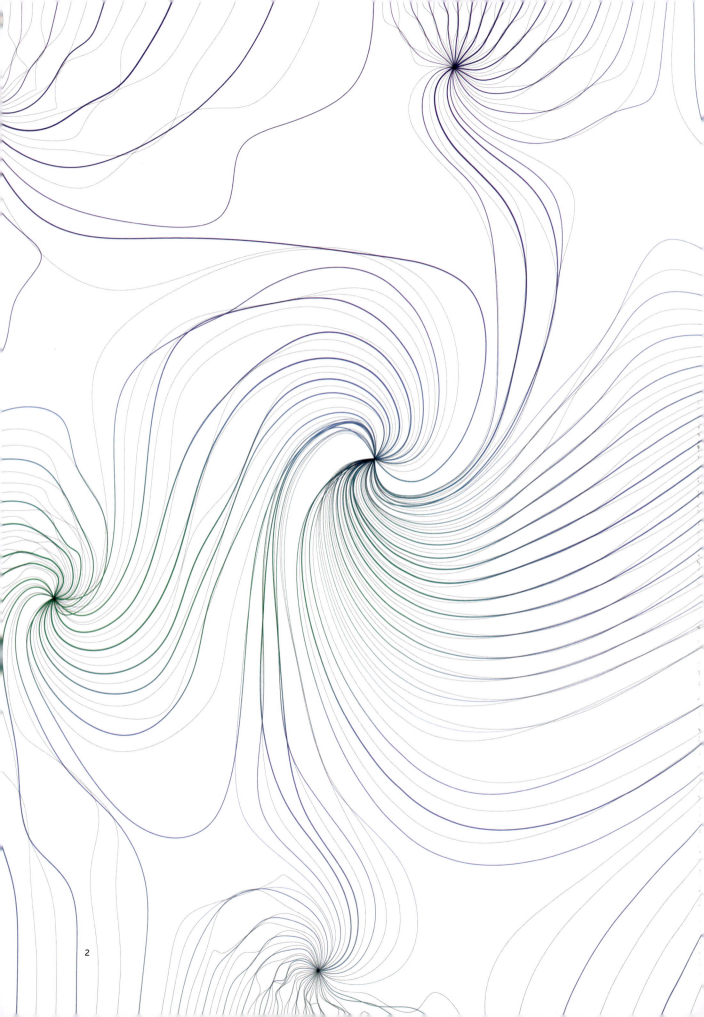

HABITAR HÍBRIDO

SUBJETIVIDADES E ARQUITETURA DO LAR NA ERA DIGITAL

ADMINISTRAÇÃO REGIONAL DO SENAC NO ESTADO DE SÃO PAULO
Presidente do Conselho Regional: Abram Szajman
Diretor do Departamento Regional: Luiz Francisco de A. Salgado
Superintendente Universitário e de Desenvolvimento: Luiz Carlos Dourado

EDITORA SENAC SÃO PAULO
Conselho Editorial: Luiz Francisco de A. Salgado
                    Luiz Carlos Dourado
                    Darcio Sayad Maia
                    Lucila Mara Sbrana Sciotti
                    Jeane Passos de Souza

Gerente/Publisher: Jeane Passos de Souza (jpassos@sp.senac.br)
Coordenação Editorial/Prospecção: Luís Américo Tousi Botelho (luis.tbotelho@sp.senac.br)
                    Marcia Cavalheiro Rodrigues de Almeida (mcavalhe@sp.senac.br)
Administrativo: João Almeida Santos (joao.santos@sp.senac.br)
Comercial: Marcos Telmo da Costa (mtcosta@sp.senac.br)

Edição e Preparação de Texto: Heloisa Hernandez
Apoio à Produção: Guilherme Giantini e Maísa Kawata
Ilustrações: Estudio Guto Requena (Mateus Loschi – exceto a fig. 46, de Guilherme Giantini)
Coordenação de Revisão de Texto: Luiza Elena Luchini
Revisão de Texto: Sandra Regina Fernandes
Projeto Gráfico, Capa e Editoração Eletrônica: Antonio Carlos De Angelis
Fotos da Capa: Tomek Sadurski (capa), André Klotz (contracapa)
Impressão e Acabamento: Coan Indústria Gráfica Ltda.

O autor e a Editora Senac São Paulo empreenderam todos os esforços
para contatar os autores das imagens reproduzidas neste livro e pedem
desculpas por qualquer equívoco nos créditos. Caso isso tenha acontecido,
por favor entre em contato com a editora para que possamos fazer as
devidas correções na próxima edição.

Proibida a reprodução sem autorização expressa.
Todos os direitos reservados à
EDITORA SENAC SÃO PAULO
Rua 24 de Maio, 208 – 3º andar – Centro – CEP 01041-000
Caixa Postal 1120 – CEP 01032-970 – São Paulo – SP
Tel. (11) 2187-4450 – Fax (11) 2187-4486
E-mail: editora@sp.senac.br
Home page: http://www.editorasenacsp.com.br

© Editora Senac São Paulo, 2019

Dados Internacionais de Catalogação na Publicação (CIP)
(Jeane Passos de Souza – CRB 8ª/6189)

Requena, Guto
    Habitar híbrido: subjetividades e arquitetura do lar na era
digital / Guto Requena. – São Paulo : Editora Senac São Paulo,
2019.

    Bibliografia.
    ISBN 978-85-396-2930-5 (impresso/2019)
    eISBN 978-85-396-2931-2 (ePub/2019)
    eISBN 978-85-396-2932-9 (PDF/2019)

    1. Arquitetura : Tecnologia 2. Arquitetura doméstica
3. Arquitetura emocional 4. Arquitetura – Projetos
5. Tecnologias interativas 6. Cibercultura 7. Habitar
8. Habitar interativo I. Título.

19-1001t   CDD – 720.4
                                  728
                          BISAC ARC000000
                                 ARC006020

Índices para catálogo sistemático:
1. Arquitetura : Tecnologia   720.4
2. Arquitetura doméstica   728

GUTO REQUENA

HABITAR HÍBRIDO

SUBJETIVIDADES E ARQUITETURA DO LAR NA ERA DIGITAL

EDITORA SENAC SÃO PAULO • SÃO PAULO • 2019

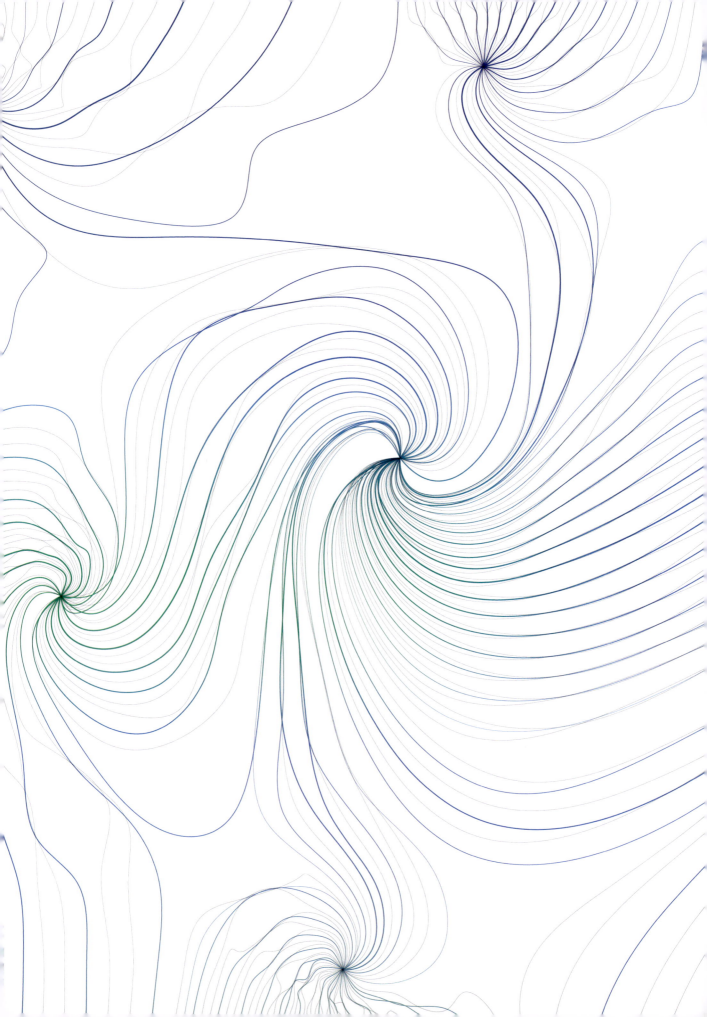

SUMÁRIO

Nota do editor [9]

Dedicatória [11]

Apresentação [13]

Introdução [14]

1 A casa e o computador: entre átomos e bits

Habitar: reflexões [17]

Cibercultura: reflexões [30]

Habitação + cibercultura = espacialidade híbrida e interativa [37]

2 Processos de criação e de produção

Processos de concepção [42]

Processos de produção [74]

O currículo dos arquitetos [97]

3 Configurações, usos e o hipersensorial

Sobre a configuração do espaço [104]

Sobre o uso do espaço [124]

Interação [131]

Por uma nova sensorialidade: a metáfora do ciborgue [133]

4 Considerações finais

Posfácio [182]

Referências [185]

Sobre o autor [191]

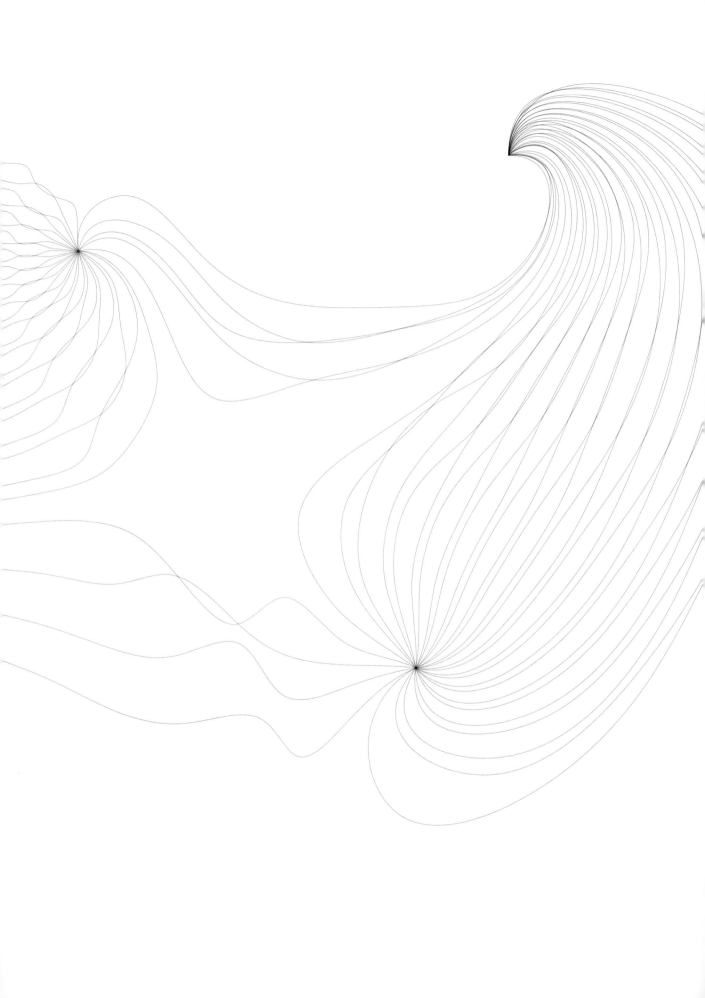

NOTA DO EDITOR

Tendo como base a dissertação de mestrado concluída em 2007, Guto Requena discute nesta publicação o impacto da tecnologia nas formas de viver e consequente impacto nos diferentes modos de morar e projetar espaços residenciais.

Nesse sentido, o autor inicia a sua pesquisa investigando a dimensão simbólica de lar e os reflexos da tecnologia na sociedade, para em seguida dedicar a sua atenção à tecnologia e suas possibilidades, aplicadas à arquitetura, trazendo exemplos de projetos desenvolvidos em todo o mundo, concluindo com a conceituação do que é um habitar híbrido hoje e trabalhos que tem desenvolvido em seu estúdio.

Guto mostra que a tecnologia pode dar corpo às emoções e carregar objetos de sentido humano, além de suscitar maior interação e empatia entre as pessoas. A arquitetura emocional, em que objetos e ambientes se transformam de acordo com as emoções de quem interage com eles, é um dos focos principais de seu trabalho, criando objetos sensíveis e espaços que respondem a estímulos, a partir do uso de recursos cinéticos, iluminação e som, como se pode notar em projetos como *Love Project*, *Noize*, *Era uma Vez*, *Pavilhão Dançante* e *Life Lamp*, entre outros, devidamente conceituados e ilustrados neste livro.

A paisagem arquitetônica também é apresentada como hackeável, em que superfícies da cidade podem ser utilizadas para informar dados, como mostra o projeto *Criatura de Luz*, ou transformadas em geografias simbólicas expandidas, como no projeto *Prótese Meu Lar*, em que uma joia é implantada à pele, próxima ao coração, como um microcomputador que traz todas as nossas recordações, permitindo que sejamos reconhecidos em qualquer local onde estivermos, tornando o mundo todo uma "imensa casa híbrida".

COM ESTE LANÇAMENTO, O SENAC SÃO PAULO ESPERA COLABORAR PARA A CONCEPÇÃO DE PROJETOS MAIS INCLUSIVOS E SENSÍVEIS, PROMOVENDO MAIOR REFLEXÃO SOBRE O PAPEL SOCIAL DA ARQUITETURA E DIÁLOGOS POSSÍVEIS ENTRE ARQUITETURA E TECNOLOGIA.

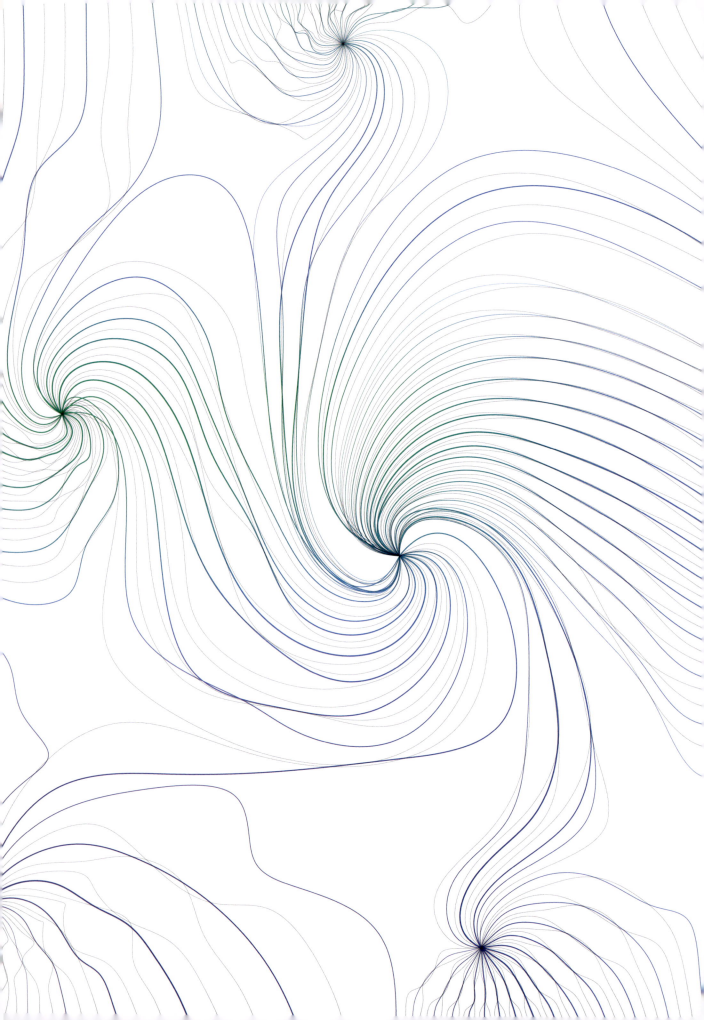

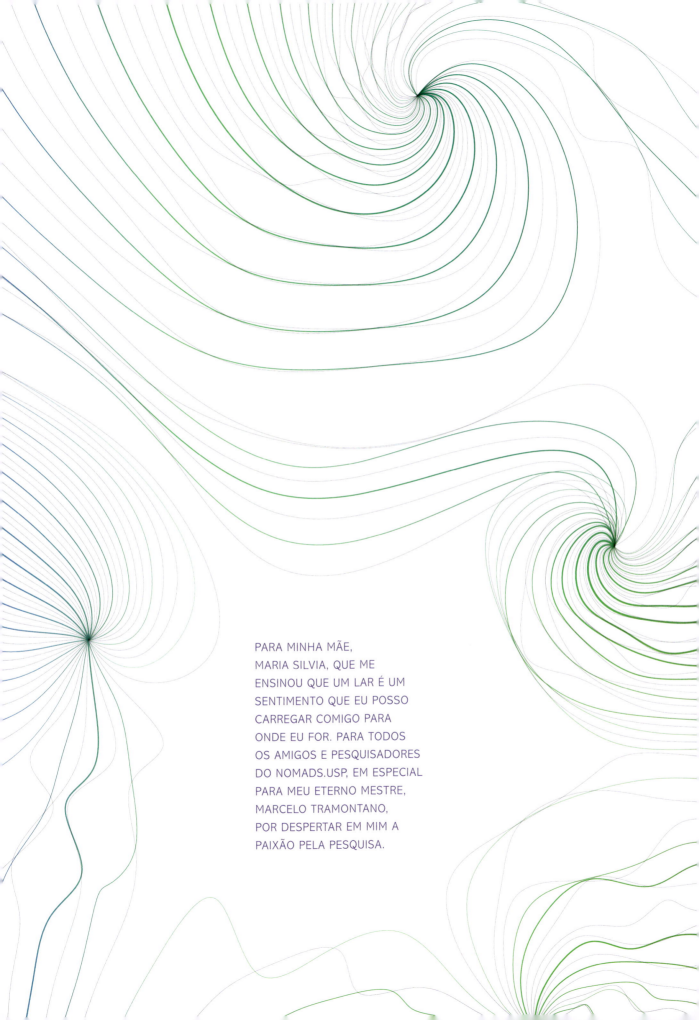

PARA MINHA MÃE,
MARIA SILVIA, QUE ME
ENSINOU QUE UM LAR É UM
SENTIMENTO QUE EU POSSO
CARREGAR COMIGO PARA
ONDE EU FOR. PARA TODOS
OS AMIGOS E PESQUISADORES
DO NOMADS.USP, EM ESPECIAL
PARA MEU ETERNO MESTRE,
MARCELO TRAMONTANO,
POR DESPERTAR EM MIM A
PAIXÃO PELA PESQUISA.

Este livro é resultado da pesquisa e dissertação de mestrado intitulada *Habitar híbrido: interatividade e experiência na era da cibercultura*, apresentada em dezembro de 2007, que buscou estudar as transformações ocorridas na família e em seu modo de vida, verificando os impactos das novas tecnologias de informação e comunicação no cotidiano doméstico desse habitar híbrido e interativo. Foram analisados a concepção de arquitetura residencial, a sua produção e o seu resultado espacial.

[APRESENTAÇÃO]

Espero que este texto inspire você, leitor, a se questionar sobre as possibilidades trazidas com as novas tecnologias interativas, e que esse conteúdo possa também fornecer critérios que o auxiliem na reflexão sobre o design e a domesticidade.

[INTRODUÇÃO]

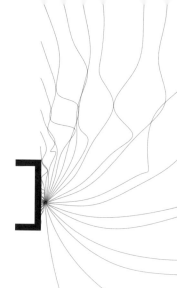

Meu interesse por novas tecnologias digitais e sua influência em nosso cotidiano despertou no início de minha graduação em arquitetura e urbanismo, na Universidade de São Paulo, na Escola de Engenharia de São Carlos, entre os anos de 1999 e 2003. Esse período coincide com o surgimento da comunicação via internet na minha vida e de minhas primeiras contas de e-mail, redes sociais (como os extintos Orkut e Napster), um novo universo de possibilidades que me inquietou profundamente. Eu estava em crise com o recém-iniciado curso de arquitetura, que me apresentava apenas o viés analógico e concreto dos edifícios e das cidades. Mas, ao mesmo tempo, me sentia como se tivesse sido empurrado por uma pequena porta para dentro de um ambiente sem gravidade, limites ou barreiras. Eu estava ali, solitário por um instante, flutuando naquele novíssimo e curioso ciberespaço. Essa crise instigou em mim um fascínio pelas possibilidades que certamente emergiriam da união dessas duas materialidades: analógico + virtual.

Em 2000, iniciei minhas atividades como pesquisador do Nomads.usp, o Centro de Estudos de Habitares Interativos da Universidade de São Paulo, onde pela primeira vez entrei em contato com o fascinante pensamento de teóricos da cultura digital e com questionamentos que viriam mudar para sempre minha visão de mundo, estimulando incertezas sobre a profissão de arquiteto. Eles foram os primeiros amigos que fiz ali naquele ciberespaço, e me agarrei a eles para encontrar alguma estabilidade.

Durante os anos de iniciação científica que se seguiram, realizei duas pesquisas com apoio da Fundação de Amparo à Pesquisa do Estado de São Paulo (Fapesp). A primeira intitulou-se *Habitação e novas mídias: equipamentos e seus usos no habitar contemporâneo*, em que analisei o cenário da automação residencial no Brasil, verificando seu impacto nos interiores domésticos. Continuei meu processo com uma nova pesquisa de iniciação científica, que chamei de *Habitação e novas mídias: pensamento digital e concepção arquitetônica*, em que estudei o processo de informatização dos lares a partir de projetos residenciais que adotavam uma metodologia de design que dialogava com conceitos advindos da virtualidade. Esses anos de pesquisa foram importantes por introduzirem questões sobre o emergente universo da cibercultura, como o uso de interação e de sensores interativos dentro das casas.

Ao terminar a minha graduação, em 2003, eu me sentia com mais dúvidas e incômodos ainda, e resolvi dar continuidade à minha pesquisa, ingressando no mestrado na mesma universidade, novamente com apoio da Fapesp, na qual atuei como pesquisador do Nomads até dezembro de 2007, ano em que concluí e apresentei minha dissertação, que, aqui, devidamente revisada e atualizada, apresento a você.

Habitar híbrido procura mapear novas oportunidades para o desenho do habitar. O texto é uma reflexão sobre a habitação híbrida e interativa e analisa a concepção de projeto de arquitetura, sua produção e o resultado espacial alcançado em projetos residenciais, fornecendo critérios que possam auxiliar no pensamento sobre a arquitetura e a domesticidade contemporânea.

Essa pesquisa alimenta-se não apenas de projetos de habitação, vistos por meio do filtro conceitual da virtualidade, mas também de projetos nos quais as instâncias concreta e virtual conjugam-se para constituir uma espacialidade chamada *híbrida*. Isso propõe ao arquiteto, acostumado a pensar apenas ou principalmente na instância concreta, não só o desafio de ampliar seu instrumental teórico mas também de incorporar procedimentos projetuais em sua prática, visando confrontar essa nova demanda. É sobre essa revisão do processo de projeto e de seus novos parâmetros e critérios que meu olhar se concentrou. São esses procedimentos e as razões que os alimentam que busquei nos projetos de arquitetura analisados.

Estudar as transformações que ocorrem na família e verificar a influência das novas tecnologias numéricas em nossos ambientes é imprescindível à disciplina do arquiteto e do designer que acredita em um necessário redesenho do habitar. Espero que a leitura deste livro possa promover reflexões sobre questões fundamentais dos novos modos de viver nessa era, que vem desmaterializando a casa e expandindo o lar para territórios muito mais simbólicos.

1
A CASA E O COMPUTADOR: ENTRE ÁTOMOS E BITS

HABITAR: REFLEXÕES

Diante de inúmeras transformações ocorridas no último século em nosso cotidiano doméstico, o significado de *habitar* parece alterar-se rápida e profundamente. Seu sentido é amplo, como na expansão do sujeito psíquico, que reside não apenas em sua morada física, mas em seus hábitos, costumes e vestimentas, expressando-se na sua maneira de ocupar a cidade. Entender esse habitar na atualidade é fundamental para analisarmos as transformações ocorridas no espaço físico da habitação, e também para projetar futuros possíveis.

O lar é um espaço de subjetividade, de intimidade e, principalmente, de memória, produzindo sensações particulares e simbólicas. Uma casa abriga um conjunto de códigos próprios e práticas diárias que permitem a seus habitantes a identidade necessária para reconhecerem o espaço como seu. Uma casa não se faz com paredes, mas com as pessoas que ali habitam. O que faz, portanto, um espaço tornar-se um lar? E, com a introdução de uma série de novos objetos eletrônicos nesse espaço simbólico, o que muda nos rituais e práticas de ocupação desse lar?

Para que um espaço possa abrigar o sentido de habitar, ele deve abrir possibilidades ao imprevisto, contrariando, portanto, a lógica que rege certos espaços que se propõem simplesmente funcionais. Esse seria um quesito fundamental na diferenciação entre estar e habitar. Conforme afirma a psicanalista Dra. Cristina Marcos (2004):

> QUE A COZINHA, PENSADA COMO LUGAR EM QUE SE PREPARA A COMIDA, POSSA TAMBÉM SE TRANSFORMAR EM LUGAR DE ENCONTRO, ONDE TODOS SE COMPRIMEM NO SEU EXÍGUO ESPAÇO E SE COMPARTILHA A BOA CONVERSA E A BOA COMIDA. CÔMODOS RIGIDAMENTE DEFINIDOS POR SUA FUNCIONALIDADE LEMBRAM-NOS INSTITUIÇÕES, CÁRCERES E HOSPITAIS. (...) A CASA, PARA SER CASA, PRECISA DEIXAR CAMINHO ABERTO À IRRUPÇÃO DA DESORDEM, DA SURPRESA E DO IMPREVISTO. (MARCOS, 2004)

Essa noção do espaço de habitar preenchido pela surpresa e pelo imprevisto pode nos parecer familiar atualmente, mas certamente opõe-se ao conjunto de regras sociais e espaços rígidos da habitação da burguesia europeia do século XIX, que tanto se esforçava em seguir hábitos, regras e parâmetros sociais da nobreza.

Para a historiadora francesa Michelle Perrot (1992, p. 308), havia uma relativa unidade no modo de vida burguês europeu no século XIX e nas suas maneiras de morar. Para ela, existe uma mistura de racionalidade funcional e um conforto claramente reduzido, em uma espécie de nostalgia aristocrática.

Conforme veremos adiante, o desenho interno da atual habitação brasileira tem suas origens no apartamento burguês parisiense do século XIX, com sua divisão compartimentada, privilegiando espaços funcionais e estanques. Se o cotidiano doméstico, hoje, dissociou-se gradualmente das regras sociais rígidas, aceitando cada vez mais o imprevisto, não seria hora para uma revisão dos espaços que o abrigam?

Para a psicóloga Carmen Lúcia Perez (2005), a casa contemporânea abre possibilidade para um cotidiano muitas vezes entendido como espaço de resistência, singular e próprio, contrário a certas conformações da sociedade. Nesse contexto,

FIGURA 1. Crianças imersas em videogames portáteis. Crédito: Tony McNeill.

FIGURA 2. "Mesa móvel para a hora luminosa e feminina do chá num meio bem 'servido'." (PERROT, 1992, p. 206)

FIGURA 3. "O salão, cenário da sociabilidade, na ausência e presença dos atores. Profusão num salão burguês do Moulins, no final do século XIX, onde o medo do vazio grassa como em Paris." (PERROT, 1992, p. 206)

FIGURA 4. Antenas de recepção de TV em Baikonur, Cazaquistão. Crédito: Christopher Prentiss Michel.

FIGURA 5. Família assistindo à tevê. Crédito: Evert F. Baumgardner.

Michel de Certeau (2003), filósofo e crítico cultural, define o próprio cotidiano como lugar em que o sujeito escapa silenciosamente à razão técnica que atribui às pessoas um lugar e um papel determinados. Para o autor, é na invenção do cotidiano que o sujeito se reapropria dos espaços e dos objetos a seu modo.

O comportamento do homem urbano contemporâneo passa por mudanças intensas, provocadas, entre outros fatores, pela inserção das tecnologias de informação e comunicação (TICs) em seu cotidiano social. A crescente popularização da internet permite que partes do habitar das pessoas se façam presentes hoje no espaço virtual, criando laços de relacionamento nessa fronteira eletrônica. Com o desenvolvimento do ciberespaço e com o devido acesso à internet, o homem pode integrar-se a agrupamentos cujos membros vivam em cidades geograficamente distantes, com culturas variadas e idiomas distintos, construindo para si noções de territorialidades simbólicas.

DENTRE AS MUDANÇAS DE COMPORTAMENTO DO HOMEM URBANO CONTEMPORÂNEO, PROVOCADAS PELA INSERÇÃO DAS TIC EM SEU COTIDIANO, ESTÁ A VIVÊNCIA DE ASPECTOS IMPORTANTES DA VIDA NO TERRITÓRIO VIRTUALIZADO DA INTERNET. DE FATO, A POPULARIZAÇÃO DA REDE E A AMPLIAÇÃO E DIVERSIFICAÇÃO DE FERRAMENTAS E WEBSITES DISPONÍVEIS GRATUITAMENTE ONLINE PERMITEM QUE, MESMO SEM PERCEBER, PARTES DO HABITAR DAS PESSOAS SE DESENVOLVAM MAIS E MAIS NO ESPAÇO VIRTUAL. DA CRIAÇÃO DE LAÇOS DE SOCIABILIDADE AO ACESSO A SERVIÇOS PÚBLICOS, DE TRANSAÇÕES COMERCIAIS AO DESEMPENHO DE TAREFAS DIÁRIAS DIVERSAS, UM NÚMERO CRESCENTE DE ATIVIDADES FAZ DESSE NOVO LUGAR ELETRÔNICO UMA EXTENSÃO NECESSÁRIA E SOCIALMENTE ACEITA DOS ESPAÇOS FÍSICOS. (...) COMUMENTE CHAMADAS DE COMUNIDADES, ESSAS ASSOCIAÇÕES FORMADAS ATRAVÉS DAS REDES TELEMÁTICAS MOSTRAM QUE AS TIC PODEM DESEMPENHAR NÃO APENAS O PAPEL QUE COSTUMEIRAMENTE SE LHES ATRIBUI DE VETORES DE ALIENAÇÃO E DE DESAGREGAÇÃO SOCIAL, MAS TAMBÉM, CONTRARIAMENTE, ESTIMULANDO O COMPARTILHAMENTO DE IDEIAS, SENTIMENTOS SOLIDÁRIOS E LAÇOS DE COESÃO SOCIAL. (TRAMONTANO; REQUENA, 2006)

Essa condição leva-nos a refletir sobre o surgimento recente de um habitar expandido, já que se ampliaram as fronteiras clássicas do sujeito psíquico que, agora, além de vestimentas, casas e cidades, habita também instâncias virtuais.

Essas alterações no habitar contemporâneo não deveriam se refletir no espaço físico da habitação? Poderíamos pensar nesse habitar expandido a partir de uma nova espacialidade híbrida (concreto + virtual)? Como essa habitação poderia se reconfigurar para abrigar melhor a crescente diversidade de modos de vida presentes na sociedade? Como poderiam os espaços domésticos receber de forma acolhedora os mais diversos grupos familiares?

De fato, tanto no Brasil como em vários países ocidentais, as tecnologias de informação e comunicação têm alterado modos de vida e engendrado tendências comportamentais na população, mas a configuração espacial dos interiores domésticos continua baseada na tripartição burguesa e na compartimentação por cômodos, permanecendo fiel a modelos europeus do século XIX, conforme relata Marcelo Tramontano (1998), em sua tese de doutorado. As formas de diálogo midiatizadas, estimuladas pela contínua oferta de novos equipamentos pelo mercado, possibilitam outras maneiras de se comunicar a distância e contribuem para o surgimento de padrões de sociabilidade até então desconhecidos, reformulando demandas sobre o desenho desses interiores domésticos.

Paris: 1880

A villa palladiana, com seus três pisos – de serviços, piano nobile e apartamentos –, já exprime uma tripartição, só que de maneira vertical, como apresenta Simone Villa (2002). Essa tripartição estende-se às mansões urbanas, com área um pouco mais reduzida. Em seguida, esse modelo ultrapassa as fronteiras italianas e influencia a arquitetura doméstica parisiense da aristocracia. No século XIX, após a Revolução Francesa, a burguesia parisiense apropria-se dos costumes e dos signos da nobreza, entre eles modos de morar repletos de euforia pelas recepções formais e eventos no interior doméstico, que, a partir de então, exige uma nova estrutura espacial.

O modelo burguês parisiense do século XIX, conforme relata Tramontano (1998), foi exportado para todo o ocidente, servindo como exemplo de organização espacial para a habitação. Uma das características marcantes de tal modelo é sua configuração interna tripartida em setores social, íntimo e de serviços. Nos apartamentos construídos na Paris haussmaniana, é possível identificar com clareza essa setorização dos espaços e das atividades do grupo doméstico, conforme os extensos estudos de Monique Eleb (1995). A área social abrigava os afazeres relacionados à esfera coletiva – convivência da família e seus convidados. Seus cômodos geralmente estavam voltados para a fachada principal do edifício, independentemente de sua orientação em relação ao sol, de forma a direcionar para a rua (esfera pública) a porção nobre da habitação, com suas pesadas cortinas, lustres de cristal e ornamentadas tapeçarias. É nessa porção do edifício que se encontra a entrada social do apartamento, de uso restrito aos patrões e seus convidados, conforme pode-se verificar na figura 6.

Os aposentos dos proprietários, junto a seus roupeiros e estocagem pessoal, situavam-se na área íntima da habitação, responsável por abrigar a porção mais privada da vida familiar. Perrot (1992) nos mostra que o quarto do casal era um lugar sagrado – "templo da procriação, e não da volúpia" –, que nunca deveria receber visitas externas ao núcleo familiar: "Daqui por diante pesa um tabu sobre todo o espaço classificado como 'quarto', como se o fato de entrar ali sem uma razão precisa expusesse a terríveis perigos" (PERROT, 1992, p. 308).

Por último, os "espaços de rejeição", ou de serviços, ficavam voltados para os fundos do lote, abrigando cozinha, lavanderia e aposentos dos empregados, com entrada de uso exclusivo para eles. Dentre as características desse modelo estavam sua nítida compartimentação em cômodos estanques e monofuncionais, e o fato de que a circulação dos patrões e dos empregados intencionalmente não se sobrepunham.

FIGURA 6. Planta de um apartamento em Paris, no século XIX. (ELEB, 1995, p. 143). Ilustração: Estudio Guto Requena.

FIGURA 7. "Este dormitório de 1882, concebido e executado pelo ateliê de Auguste Godin (1816-1863) e Jeanselme (rue des Grands-Augustins), apresenta um caráter de transição. Ele conservou algo de solenidade do salão, mas serve como escritório íntimo. O leito conserva o baldaquim, mas, como altar da vida conjugal, ocupa o centro do aposento. E o armário com espelho sugere o trato privado do corpo (L'Illustration, 1882)." (PERROT, 1992, p. 115)

FIGURA 8. Mulher se penteando, Félix Vallotton, 1900.

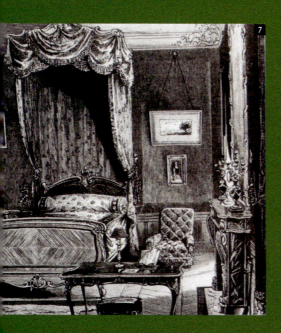

São Paulo: hoje

Ao compararmos a planta de um apartamento na cidade de São Paulo à de um apartamento parisiense de 1880, nota-se claramente a presença da mesma tripartição em setores social (living, sala de jantar e lavabo), íntimo (quartos e banheiros) e de serviços (cozinha, lavanderia e dormitório de empregados), respectivamente identificados nas cores amarelo, verde e rosa em ambas as imagens, com uma distribuição nitidamente estanque e compartimentada. Podemos verificar o mesmo modelo em várias plantas residenciais da atualidade, independentemente de seu tamanho, localização ou mesmo condição econômica dos moradores, como em plantas de apartamentos de padrão médio paulistano, com área total em torno de 60 m², como pode ser visto na figura 11.

FIGURA 9. Retrato de família, início dos anos 1900. Acervo: Lodz City Museum.
FIGURA 10. "Noite de núpcias na casa de família, sob o olhar vigilante de uma mãe típica." (Perrott, 1992, p. 247). Crédito: *Monsieur, madame et bebé*. Coleção particular.

FIGURA 11. Plantas de apartamentos atuais em São Paulo, com áreas coloridas para indicar a tripartição burguesa, setorizada em zona social, íntima e de serviços. Ilustrações: Estudio Guto Requena.

Família: pai, mãe e filhos?

O nascimento de um modo de vida metropolitano remonta ao processo de fabricação dos séculos XVIII, momento de consolidação da metrópole moderna. Paralelamente a esse fato, nos séculos XVIII e XIX, afirma-se como modelo moderno da família o formato nuclear, composto tradicionalmente por pai, mãe e filhos. Para Witold Rybczynski (1996, p. 87), a privacidade e a domesticidade são as duas grandes descobertas da era burguesa. O tamanho do núcleo familiar diminuiu, e, assim, toda a sua atmosfera interna foi afetada: a casa passa a ser um lugar para o comportamento pessoal e íntimo. Segundo o autor, junto a essa vida familiar, vieram as noções de isolamento e de domesticidade. A casa estava tornando-se, a partir desse momento, um lar.

O modelo de família nuclearizado se firmou no decorrer das décadas seguintes no mundo ocidental e teve sua consolidação fortemente amparada com a vitória dos Estados Unidos da América na Segunda Guerra Mundial, com a afirmação da cultura norte-americana, que se consagrou como referência de costumes a toda a sociedade ocidental mecanizada moderna, disseminando mundo afora o chamado *american way of life*, conforme analisa o historiador Nicolau Sevcenko (1998).
A máquina cinematográfica de Hollywood, a partir dos anos 1940, aplicou-se em exportar o modelo da família nuclear tradicional, assim como seus hábitos, subúrbios, shopping centers e automóveis, e o cinema mostrou-se como meio perfeito para divulgar tanto os produtos como também os modos de viver, aos quais tais produtos eram imprescindíveis.

FIGURA 12. O modelo familiar tem se modificado nas últimas décadas: (A) Frances Shimer e Cindarella Gregory, em 1869. Acervo: Northern Illinois University; (B) *O amor em tempos de cólera*. Créditos: Felipe Morozini.

Arranjos familiares no Brasil

No Brasil, o modelo nuclear, estatisticamente dominante até os dias atuais, passou por inúmeras transformações e abriu espaço para novos grupos. Do ponto de vista demográfico e estatístico, percebe-se que mudanças e permanências vêm marcando a estrutura familiar brasileira nas últimas décadas. O formato nuclear continua sendo o predominante, mas o número de membros dessa família diminuiu, sendo que, ao mesmo tempo, cresceu o número de uniões conjugais sem vínculos legais e de arranjos monoparentais (caracterizados pela presença do pai ou mãe, com filhos).

Entretanto, as maiores transformações vêm ocorrendo no interior do núcleo familiar, assinaladas pela alteração da posição relativa da mulher e pelos novos padrões de relacionamento entre os membros da família. Estaria havendo uma tendência à passagem de uma família hierárquica para uma família mais igualitária (BERQUÓ, 1998, p. 314).

Dados de 1940 do Instituto Brasileiro de Geografia e Estatística (IBGE) mostram-nos que, no Brasil, cerca de 80% das famílias nessa época correspondiam ao formato nuclear. Dados recentes do IBGE, do Censo Demográfico de 2000, revelam que esse número caiu para cerca de 50,6% nas cidades maiores (mais de 500.000 hab.) e 58,9% nas menores (cidades com até 20.000 hab.)[1]. É interessante

notar que os outros 49,4% (mais de 500.000 hab.) ou 41,1% (até 20.000 hab.) restantes se configuram não apenas por um único modelo familiar, mas por uma multiplicidade de formatos. Na tabela 1, abaixo, temos em detalhe todos estes outros formatos: famílias com uma pessoa (unipessoal); famílias com duas ou mais pessoas sem grau de parentesco; casal sem filhos; mulher sem cônjuge e com filhos, e mais uma categoria que inclui todas as outras possibilidades (homem com filhos com ou sem outros parentes; casal com filhos e outros parentes; casal de homossexuais com ou sem filhos; etc.).

Também de fundamental relevância é a observação sobre o novo desenho da pirâmide etária brasileira. Conforme nota Carvalho e Garcia (2003), sua base tornou--se menor nas últimas décadas e

---

[1] Esse valor é a soma das famílias monoparentais masculinas – sustentadas pelo integrante masculino (pai) – e pelas famílias monoparentais femininas – sustentadas pela integrante feminina (mãe) – ver tabela 1.

TABELA 1. Distribuição das famílias por tipo e a situação do domicílio, segundo as classes de tamanho da população dos municípios do Brasil – 2000

Classes de tamanho da população dos municípios	Unipessoal	2 ou + pessoas sem parentesco	Casal sem filhos	Casal com filhos (1) Casal com filhos sendo o responsável do sexo masculino.	Mulher sem cônjuge com filhos	Casal com filhos (2) Casal com filhos sendo o responsável do sexo feminino	Outras modalidades
Total (habitantes)	8,3	0,2	15,6	52,4	12,6	3,0	7,9
até 20.000	8,0	0,1	15,3	57,4	10,1	1,5	7,5
de 20.001 até 100.000	7,6	0,1	15,1	55,3	11,8	2,3	7,7
de 100.001 até 500.000	8,1	0,2	15,6	52,2	13,2	3,3	7,4
mais de 500.000	9,5	0,4	16,1	46,4	14,4	4,2	9,0

Fonte: IBGE, 2002.

seu topo mais alongado em virtude da redução da taxa de natalidade e do aumento da expectativa de vida, além do decréscimo na taxa de mortalidade infantil. Assim, a redução da fecundidade e o envelhecimento da população relacionam-se diretamente com uma diminuição no tamanho do grupo familiar.

A configuração tradicional nuclear, composta por pai, mãe, com ou sem filhos, ainda é a dominante no Brasil; porém, uma série de novos arranjos familiares compõe um mosaico de diversidade. Contudo, o modelo da habitação permanece praticamente o mesmo, reproduzindo a configuração haussmaniana e sua clássica tripartição em *social*, *íntimo* e *de serviços*, com espaços compartimentados e estanques. Analisar os novos hábitos surgidos nas últimas décadas, tanto no Brasil como no mundo, deveria ser parte fundamental do estudo sobre a habitação na atualidade. Individualismo, culto ao corpo, superequipamento do ser humano e do seu habitat, assim como o trabalho nômade, são exemplos de tais transformações.

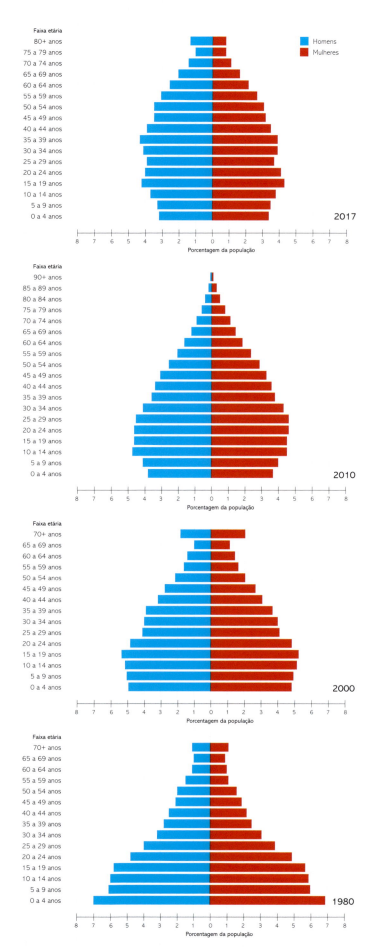

GRÁFICO 1. Distribuição proporcional (%) da população por sexo e idade no Brasil, nos anos 1980, 2000, 2010 e 2017.
Fonte: IBGE (1980, 2000, 2010); IBGE PNAD Contínua (2017).

O culto ao corpo

As aspirações aos lazeres e ao bem-estar material, as paixões musicais, o esporte-prazer, os cuidados com o corpo avançam a passos largos; de todos os lados estimula-se o amor por si mesmo, as voluptuosidades físicas renovadas e a qualidade de vida. O fim do "goze sem entraves" não significa a reabilitação do puritanismo, mas, sim, a ampliação social de um hedonismo normalizado e administrativo, higienizado e racional. Ao hedonismo desregrado seguiu-se o hedonismo prudente, "limpo" e vagamente triste. Proliferação das tecnologias destinadas à manutenção da forma física, da medicina alternativa, de regimes dietéticos, relaxamento, produtos cosméticos em profusão, esportes-repouso e esportes-progresso, cruzadas antitabagismo, produtos "light", "bio" – Narciso mais do que nunca se define por um trabalho de autoconstrução e autoabsorção subjetivas (LIPOVETSKY, 2005).

O culto ao corpo tornou-se uma prática comum ao homem metropolitano. Academias de ginástica e centros de musculação e de estética corporal são inaugurados diariamente por toda a extensão da malha urbana. Programas de televisão, revistas e blogueiros especializados em dietas, exercícios e hábitos tidos como mais saudáveis surgem a todo o momento. Situação amplamente amparada pelo culto da juventude eterna e da beleza plástica, impecável e perfeita, vendida pelo cinema, televisão e principalmente pelas redes sociais junto ao acelerado número de cirurgias plásticas, remédios emagrecedores, implantes de próteses e cosmética. Isso vem sendo discutido intensamente por diversos teóricos e não me aprofundarei nesta publicação. No entanto, vale mencionar que esse novo padrão de consumo tem suas origens no século XIX, com a procura dos países já industrializados por novos mercados consumidores de seus produtos manufaturados. Para além das elites consumidoras, a produção em grande escala pedia, já em meados do século XX, que as massas proletárias também pudessem consumir, como cita LIPOVETSKY (2005). O culto ao corpo é um fenômeno que nasce em meio a esse contexto, resultado de muitas razões, e uma delas certamente pode ser considerada a das mudanças nas relações sociais com o espaço público e o espaço privado, assim como um novo estágio do individualismo moderno que se estabelece com base na construção dessa sociedade de consumo.

Essa valorização do privado em detrimento do público é uma tendência que se alastra em vários âmbitos da vida cotidiana, e é nesse contexto que os empreendimentos imobiliários dos últimos anos oferecem centros *fitness*, aparelhos de musculação, piscinas com raia olímpica e ofurôs. Vende-se uma imagem de saúde e jovialidade aos futuros moradores, mesmo que eles nunca venham a utilizar tais equipamentos nesses luxuosos condomínios, supostamente impenetráveis e cuidadosamente encarcerados em meio a seus muros de vigilância hi-tech.

FIGURA 13. Culto ao corpo.
Crédito: Jose Angel Tabares.

Domesticidade plugada

A informatização do cotidiano doméstico é sem dúvida uma das peças-chave na análise dos novos modos de vida da sociedade hoje. Um crescente número de computadores portáteis (como os celulares) passa a se infiltrar na vida das pessoas; no entanto, a informatização do cotidiano não é exatamente privilégio de pessoas ricas. A popularização do telefone celular entre as classes menos favorecidas economicamente é um bom exemplo da tendência à popularização das novas tecnologias. A história de certas mídias, como o rádio e a televisão, por exemplo, mostra-nos o barateamento e a consequente popularização dos meios eletrônicos, tornando-se gradualmente acessível às classes menos favorecidas economicamente. Os computadores e celulares têm preços cada vez menores e fazem parte do interior doméstico de um número cada vez maior de famílias. Tanto a comunicação interpessoal como o acesso a fontes de informação veem-se cada vez mais mediados pelos dispositivos eletroeletrônicos de transmissão a distância, e a relação entre esses dispositivos e seus usuários tem se apoiado em graus crescentes de interatividade. Além disso, o custo final de muitos desses dispositivos tem diminuído, a ponto de permitir sua disseminação entre grupos domésticos de menor renda, como ocorreu com os televisores há algumas décadas.

A automação residencial, na forma como vem sendo proposta hoje, resume-se, na maior parte dos casos, em resolver problemas de cunho meramente funcionais, como abrir e fechar janelas e portas, controlar intensidade de luzes, vigiar e fazer segurança, e utilizar sensores de presença para acionar dispositivos, limitando-se ao funcionamento e ao desenvolvimento da tecnologia, sem uma análise mais profunda sobre o seu real impacto no interior do espaço doméstico.

Os equipamentos de automação residencial disponibilizados no mercado brasileiro muitas vezes possuem uma embalagem de forte apelo mercadológico, trazidos em função de uma certa euforia tecnológica. São as mais variadas promessas para a "casa do futuro" ou para a "casa inteligente", termos exaustivamente utilizados, que aparecem nas peças promocionais e propagandas de divulgação dos produtos.

Em diversos textos nacionais escritos por profissionais da área, é comum encontrarmos referências à famosa animação infantil *A família Jetsons*, como comparação a um modo de vida metropolitano ideal do futuro. Porém, os Jetsons apresentam um arranjo tipicamente nuclear e característico de todo o século XX, exatamente como a composição da família pré-histórica ilustrada por outro desenho animado dos estúdios de Hanna Barbera, os *Flintstones*. Importante contextualizar que ambos os desenhos datam dos anos 1960, período em que Hollywood disseminava o *american way of life*, exportando o arranjo nuclear e patriarcal da família, e regulando o trabalho doméstico pela mãe, "rainha do lar".

No Brasil, o ambiente político--cultural gerado a partir da divulgação dos altos índices de violência, por meio das mais variadas mídias, incita em todos nós uma sensação de medo generalizado. Isso estimulou nas últimas décadas a chamada Indústria do Medo, uma das indústrias que mais fatura no mundo e certamente nos países latino-americanos, induzindo a uma necessidade de adquirir produtos de segurança, criando um ambiente urbano panóptico, supostamente mais seguro, e que migra também para o espaço residencial, por meio de câmeras de vigilância, controladores de acesso digitais, sensores de presença e alarmes, entre muitos outros dispositivos.

A automação residencial na forma como vem sendo proposta atualmente pelos profissionais do ramo não traz mudanças significativas ao espaço da habitação e conserva o modelo burguês parisiense tripartido, sem questionar maiores possibilidades de mudanças. Muitos dos equipamentos de automação oferecidos pelo mercado podem ser vistos como gadgets, típicos do nosso momento de deslumbramento tecnológico, que devem passar por um processo de seleção de seus usos e funções, questionando sua real necessidade. Tal situação nos lembra o período pós-Segunda Guerra Mundial, em que inúmeros gadgets foram inventados para preencher os lares norte-americanos. "Bugigangas" como descascadores elétricos, abridores e utensílios das mais variadas naturezas que buscavam "modernizar" o espaço doméstico e atrair as esposas novamente para o lar, já que muitas mulheres, durante a grande guerra, tiveram de assumir postos de trabalho antes comandados pelos homens, conforme relata Sevcenko (1998). Nos anos que se sucederam, diversos desses produtos ficaram no esquecimento, e somente alguns passaram a integrar o cotidiano das famílias.

FIGURA 14. A televisão faz parte de um altar doméstico. Família de moradores de barraco, 1992. Favela Heliópolis, São Paulo, Brasil. Crédito: Juca Martins.

CIBERCULTURA: REFLEXÕES

Cultura de massa, cultura das mídias e cultura digital

Segundo Walter Benjamin (1980), até meados do século XX, basicamente dois tipos de cultura se faziam presentes nas sociedades ocidentais: de um lado a cultura erudita das elites e, de outro, a cultura popular produzida pelas classes dominadas. Com a crescente ascensão econômica das classes burguesas e com a miscigenação cultural entre as elites e a burguesia, e, posteriormente, com a crescente popularização dos meios de reprodução técnico-industriais e midiáticos, gradativamente, um grande impacto ocorreu naquela tradicional divisão.

A então chamada cultura de massas, caracterizada por mídias como o jornal, o rádio e a TV, dissolveu a polaridade existente entre o popular e o erudito, anulando suas fronteiras de acesso e de produção. Se, por um lado, os novos suportes para a informação aniquilaram essa clássica separação, por outro, provocaram uma verdadeira massificação da cultura, já que a produção de conteúdos culturais passou a ser executada e manipulada por uma minoria,

porém, largamente absorvida pela massa, que não tinha o poder para interferir nos produtos simbólicos que consumia. Esse momento foi caracterizado pela simultaneidade e uniformidade da mensagem emitida e recebida. Famílias inteiras sentavam-se em frente ao rádio, ou mais recentemente à televisão, e assimilavam seus conteúdos sem poder intervir diretamente na programação ou muito menos produzir tais conteúdos.

Esse panorama modificou-se quando as mais diversas possibilidades de interação surgiram com o advento da internet. As novas tecnologias capacitam toda uma geração de usuários a lidar com a informação de maneira mais ativa, abrindo a possibilidade de produção e interação de conteúdos. Se existe uma produção cultural bastante participativa no ciberespaço hoje, uma questão primordial certamente está centrada no fato de se desenvolverem mecanismos e instrumentos para democratizá-la.

As décadas de 1970 e 1980 foram importantes por apresentarem novas tecnologias, que esboçavam um princípio de customização das mídias. Fotocopiadoras, videocassetes e gravadores

de áudio possibilitaram aos usuários dessas mídias um início de interação, em uma forma personalizada de absorver e, de algum modo, editar a informação. Já era possível, de maneira bastante preliminar, a edição de conteúdos pelos usuários que, por exemplo, gravavam fita de vídeo com trechos de seus programas favoritos, novelas e coletâneas de videoclipes da recém-chegada MTV brasileira (somente na década de 1990) ou então produziam compilações musicais em fitas cassetes com parte de seus discos prediletos e músicas das rádios locais. No Brasil, a década de 1980 foi o momento de confirmação da popularização das mídias e do surgimento de uma série de equipamentos, que desde anos anteriores ocupavam o interior doméstico de algumas casas, contribuindo para alterar tanto as relações entre os membros da família quanto o próprio corpo humano, complementado com computadores, como walkmans, aparelhos celulares, laptops e games portáteis.

A recente cultura digital vem acompanhada por uma revolução nas mídias e no processo da distribuição da informação. Para Lúcia Santaella (2003, p. 17), existe uma diferença entre a

cultura das mídias e a recente cultura digital, e se dá pelo fato de que a primeira trataria de uma convivência entre diferentes mídias (televisão, videocassete, rádio, etc.), enquanto a segunda propiciaria a convergência. Na era digital, também conhecida como era da informação, a tecnologia digital abre a possibilidade de convergir todas as informações – texto, som, imagem, vídeo – em uma mesma linguagem universal, por meio da digitalização e da compressão de conteúdo. A partir daí, todas as mídias podem então ser manipuladas, traduzidas, armazenadas, reproduzidas e distribuídas de forma digital em um único suporte: bits.
Se a geração das clássicas mídias de massa contentava-se em confortavelmente sentar ao sofá e assistir a seus programas favoritos pela televisão (rádio, cinema, etc.) e, no máximo, "zapear" seus canais prediletos, hoje a nossa geração sente necessidade de intervir em sua programação. Somos todos produtores de conteúdos.

FIGURA 15. Gramofone. Crédito: Freepik.
FIGURA 16. Primeira câmera portátil TK-44. Cortesia de: O. Lytle Hoover, oldradio.com.
FIGURA 17. Vitrola. Crédito: Pixabay.

O ciberespaço

O ciberespaço é o novo meio de comunicação que surge da interconexão mundial dos computadores.
Para Pierre Lévy, o termo descreve tanto a infraestrutura material dessa comunicação digital como também "o universo de informações que ele abriga, assim como os seres humanos que navegam e alimentam esse universo". O teórico complementa: "Eu defino o ciberespaço como o espaço de comunicação aberto pela interconexão mundial dos computadores e das memórias dos computadores" (LÉVY, 1999). Para o pensador francês, o crescimento do ciberespaço é resultado de um movimento internacional de "jovens ávidos para experimentar, coletivamente, formas de comunicação diferentes daquelas que as mídias clássicas nos propõem" (1999). Para ele, o homem vive a abertura de um novo espaço de comunicação com inúmeras possibilidades, cabendo apenas às sociedades presentes explorarem as potencialidades positivas desse espaço de comunicação nos planos econômico, político, cultural e humano. Com a crescente construção desse meio de comunicação, interligando pensamentos e disseminando novos padrões de comunicação e sociabilidade, uma nova situação cultural se instaurou nas sociedades.

A palavra *ciberespaço* foi criada por William Gibson (1984), em seu romance de ficção científica *Neuromancer*, e tem sido amplamente empregada depois disso. Conforme relata André Lemos (2004, p. 127), "para Gibson, o ciberespaço é um espaço não-físico ou territorial composto por um conjunto de redes de computadores através das quais todas as informações (sob as suas mais diversas formas) circulam".

O crescimento mundial do número de computadores conectados à internet, a partir de meados dos anos 1990, e sua popularização nos lares a partir de 2000, estimula relacionamentos sociais quase independentes dos lugares geográficos (telecomunicação e telepresença). Para Lévy, essas duas características são suficientemente fortes para remodelar todo o quadro da cidade e da sociedade hoje.[2] O autor afirma que o ciberespaço constitui uma nova configuração de espaço, marcada pela

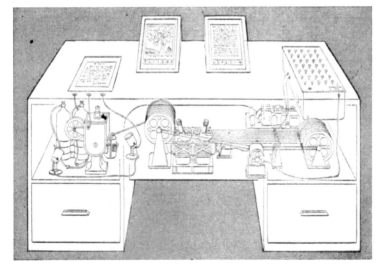

FIGURA 18. Memex. O cientista americano Wannevar Bush (1945) enunciou, em um artigo intitulado *As We May Think*, uma resposta à busca pelo armazenamento de informação em um formato diferente da linearidade tradicional dos livros e da indexação clássica. Em sua máquina nunca construída, o Memex (Memory Extension), de 1945, Wannevar propôs algo conceitualmente muito parecido com o computador que conhecemos hoje e é o precursor da ideia de hipertexto. Memex seria uma mesa de trabalho com tela de projeção para visualização de dados, contendo teclado, botões e alavancas para seu funcionamento. A máquina seria capaz de armazenar textos, imagens e sons, organizando-se por associações e possibilitando a intervenção e a interação do usuário.

---

[2] Lévy (1999, p. 53) afirma que "em algumas dezenas de anos, o ciberespaço, suas comunidades virtuais, suas reservas de imagens, suas simulações interativas, sua irresistível proliferação de textos e signos, será o mediador essencial da inteligência coletiva da humanidade".

FIGURA 19. John W. Mauchly e J. Prester Eckert Jr., com cientistas da Universidade de Pensilvânia, em 1946, construíram o primeiro computador eletrônico, conhecido como Eniac (Eletronic Numerical Integrator and Calculator). (A) O Eniac possuía aproximadamente 18 mil válvulas, pesava 30 toneladas e chegava a consumir 150 kw; (B) Mulheres operando o Eniac, 1946. Créditos: U. S. Army Photo.

universalidade, que dilata o campo de ação dos processos de virtualização: ubiquidade da informação, documentos interativos interconectados, telecomunicação recíproca e assíncrona em grupo e entre grupos, são algumas dessas características. O ciberespaço tornou-se a principal infraestrutura de produção, transação e gerenciamento da economia mundial, e é o principal equipamento coletivo internacional da memória, pensamento e comunicação das sociedades.

A cultura associada às novas tecnologias digitais estabelece relações inovadoras entre a técnica e a vida social. O crescente número de computadores e telefones celulares, junto ao surgimento de diversos equipamentos de informação e comunicação, contribuiu de forma decisiva para o desenvolvimento de um ambiente crescentemente hiperconectado. É desse contexto que surge o neologismo *cibercultura*. Lévy (1999, p. 17) define-o como sendo "o conjunto de técnicas (materiais e intelectuais), de práticas, de atitudes, de modos de pensamento e de valores que se desenvolvem juntamente com o crescimento do ciberespaço". André Parente (1999) mostra que a cibercultura nasceu logo nos anos 1950, com a informática e a cibernética, mas só começa a

se tornar popular na década de 1970, com o desenvolvimento do microcomputador, estabelecendo-se completamente nos anos 1980 e 1990, inicialmente em centros acadêmicos e tecnológicos e nas casas da elite e da classe média, e mais recentemente popularizando-se nas classes de baixa renda.

Para Couchot (2003, p. 14), o modo cyber dos anos 1990 é oriundo direto da cibernética dos anos 1950, de suas máquinas e de suas teorias, marcando muito fortemente tanto a ciência quanto a arte e a filosofia. Para Phillipe Breton (1991), a teoria cibernética de Wiemar, de 1948, e o desenvolvimento dos computadores caracterizam a primeira fase da informática. É certo que uma evolução nítida na indústria da informática ocorre no início dos anos 1960. Nesse período, inventam-se os circuitos integrados, que reuniam em um só objeto de pequenas dimensões milhares de elementos eletrônicos, que ocupavam até então um volume bem maior. Esses circuitos permitiram reduzir custos, manutenção e tamanho dos computadores. Castells (2003, p. 37) assinala que em 1971 a Intel criou o microprocessador, o circuito integrado mais sofisticado que reúne o conjunto dos elementos de um computador, exceto elementos de entrada e de

saída (teclado, tela, impressoras). O microprocessador deu nascimento à microinformática, uma informática descentralizada e leve, de baixo custo, que causou uma verdadeira revolução, dando o primeiro passo para a migração dessas máquinas para o interior doméstico e portátil.

Para André Lemos (2004, p. 79), conforme teorizou Deleuze, essa revolução digital implica, progressivamente, a passagem do *mass media* para formas individualizadas de produção, difusão e estoque de informação: "Aqui a circulação de informações não obedece à hierarquia da árvore (um-todos), e sim à multiplicidade do rizoma (todos-todos)". Para o autor, a cibercultura é uma configuração sociotécnica que abriga modelos tribais associados às tecnologias digitais, opondo-se ao individualismo da cultura do impresso, moderna e tecnocrática. Virillio (1993) defende a ideia de que essa multidirecionalidade da informação, privilegiando modelos democráticos de distribuição, seria uma característica ímpar para se entender a chamada cibercultura. Dentro de todo esse contexto, presenciamos a abolição do espaço homogêneo e delimitado por fronteiras geopolíticas e do tempo cronológico e linear, dois dos pilares fundamentais da modernidade ocidental.

FIGURA 20. Em 1950, diversos eletrodomésticos chegam aos lares brasileiros, com a promessa de modernizar o trabalho doméstico.
Crédito: (A) Irving Rusinow.

FIGURA 21. Gravador a cores high band TR-70. Peça publicitária, aparelho de videocassette. Estados Unidos, 1966.
Cortesia de: O. Lytle Hoover, oldradio.com.

Arte e bits

É nesse cenário complexo que diversos artistas têm retirado insumos para experimentações e explorações de sua produção. Para Lemos (2004, p. 178), a arte eletrônica contemporânea toca o cerne dessa civilização: "a desmaterialização do mundo pelas tecnologias do virtual, a interatividade e as possibilidades hipertextuais, a circulação (virótica) de informações por redes planetárias. A arte entra no processo global de virtualização do mundo". Compreender a arte do nosso tempo é compreender o imaginário da cibercultura. Já Manuel Castells (2003, p. 168) ressalta a importância da arte tecnológica como uma expressão híbrida de materiais virtuais e físicos, "uma ponte cultural fundamental entre a Net e o eu". Lúcia Santaella (2003, p. 27) destaca que se deve prestar atenção no que os artistas estão fazendo: "Pressinto que são eles que estão criando uma nova imagem do ser humano no vórtice de suas atuais transformações. São os artistas que têm nos colocado frente a frente com a face humana das tecnologias".

Observar a arte numérica pode ser uma forma de apreender conceitos fundamentais trazidos com a hipermídia, para então aplicá-los ao projeto de arquitetura. Destaco dois caminhos nos rumos da arte tecnológica. O primeiro trata do papel do observador, que se torna "interagente" e, em alguns casos, possível colaborador nos rumos da obra. O segundo trata do conceito de obra inacabada, contínua e colaborativa, em que, em muitos casos, a atenção se volta mais ao processo que ao próprio produto ou ao resultado estético final. Kerckhove (2003, p. 68) afirma que com os novos meios digitais interativos o que está em jogo é um metadesign, ou seja, "o design de ferramentas, parâmetros e condições de operação que permitem ao usuário final a tarefa de interativamente fazer o design final". Ambos os caminhos devem ser observados pelos arquitetos, podendo influenciar em possíveis apropriações aos espaços que se pretendem interativos.

HABITAÇÃO + CIBERCULTURA = ESPACIALIDADE HÍBRIDA E INTERATIVA

As tecnologias interativas caminham para uma forma de onipresença, misturando-se de maneira radical e quase imperceptível ao ambiente cultural por meio do "devir micro (tornar-se invisível) e do devir estético (tornar-se belo)" (LEMOS, 2004, p. 17) a ponto de não podermos mais discernir claramente onde elas começam e onde terminam. Assim chamado como realidade ampliada, nosso ambiente físico natural passa a ser coalhado de sensores, câmeras, telas interativas e novas interfaces, que se comunicam e estão interconectados a serviço do homem. A tendência é não relacionarmos mais um computador por meio de uma interface fria, e sim executar diversas tarefas em um ambiente natural que fornece diferentes recursos de criação e informação. Dessa forma, é impossível utilizar o numérico sem, em algum momento, ou em algum nível, hibridar:

> (...) HIBRIDAR ENTRE AS FORMAS E ENTRE AS ESPÉCIES (DE IMAGENS, DE SONS, DE TEXTOS, DE GESTOS, DE COMPORTAMENTOS), HIBRIDAR ENTRE A IMAGEM, O OBJETO E O SUJEITO, HIBRIDAR ENTRE OS SUJEITOS, HIBRIDAR NO SEIO DO PRÓPRIO SUJEITO, ENTRE O EU E O NÓS, HÍBRIDAR ENTRE O AUTOR E O DESTINATÁRIO, ENTRE O EU E O OUTRO, HIBRIDAR ENTRE O REAL E O VIRTUAL. (COUCHOT, 2003, P. 307)

Cada vez mais arquitetos têm essa familiaridade com os novos meios digitais, passando a mesclar em suas propostas elementos advindos do universo virtual e do mundo concreto, explorando novas linguagens e espacialidades, construindo de forma empírica a noção de espaços híbridos. Para alguns deles, o computador não é apenas uma ferramenta de representação do projeto, mas um meio onde a concepção arquitetônica associa-se ao pensamento digital. As chamadas novas tecnologias são incorporadas nas diversas etapas do projeto, desde a conceituação até a visualização 3D, no uso de maquetes eletrônicas e vídeos, e em sua própria execução, que muitas vezes requer máquinas de natureza robótica para a produção de peças, por exemplo. De seus projetos, emerge uma habitação que utiliza as TICs em seu funcionamento, concepção ou em sua relação com espaços virtuais.

Um ponto de destaque entre alguns destes arquitetos é a produção interdisciplinar via novas mídias. Esses profissionais dialogam com extrema desenvoltura em áreas disciplinares diversas, compostas por um leque de obras que vão desde mobiliário, moda, instalações artísticas ou mesmo música e vídeos, todas advindas, em algum nível, das novas tecnologias de comunicação e informação. Sua produção transita com intimidade tanto pelo espaço analógico quanto pelo digital e, para alguns, essa intimidade resulta em um espaço híbrido, fruto da mescla entre essas duas instâncias de realidade: o concreto e o virtual.

A mistura espaço, tempo e corpo parece ser o paradigma incorporado pelas artes eletrônicas e pela arquitetura neste início de século. O resultado é esse espaço híbrido, ampliado, feito de lugares e fluxos, um espaço de lugares interconectados, linkados, em regiões metropolitanas que, na era da internet, caracterizam-se simultaneamente pela dispersão e pela concentração espacial, pela mistura de padrões de uso da terra e pela hipermobilidade.

Alguns arquitetos chegam a propor diálogos artísticos inovadores relacionados aos novos paradigmas da cultura digital. Muitos iniciam o processo de criação diretamente no ambiente digital, enquanto outros preferem um processo híbrido, que utiliza simultaneamente o virtual e o concreto, fazendo uso de programas de modelação, máquinas de prototipagem rápida, desenhos em papel, maquetes e vídeos. No entanto, para a maioria, o uso do computador extrapola os limites da representação: as TICs possibilitam a formulação de seu pensamento arquitetônico e o desenvolvimento de seu raciocínio projetual, o que constitui, certamente, um grande diferencial.

Nesses projetos, a pesquisa sobre interatividade é explorada em diferentes níveis, visando prioritariamente à criação de ambientes em que o homem seja mais que observador. O desejo inato de tocar, transformar, sentir, adaptar a porção de mundo à sua volta assume outra dimensão e trilha outros caminhos, quando mediado pelas TICs. Esse homem é o protagonista da cultura digital, que, diferentemente da cultura de massas, em que a mensagem é produzida por poucos e recebida por muitos, em um caminho de sentido único entre emissor e receptor, abriga agora um caminho marcado pela bidirecionalidade, entre emissão e recepção.

DE SISTEMA FECHADO, EM QUE A INFORMAÇÃO CONSTITUI UM CONJUNTO DE DADOS GERANDO MENSAGENS, ESSE PROCESSO TORNA-SE UM SISTEMA ABERTO, CONCEBIDO POR UM ARQUITETO QUE NÃO MAIS ANTECIPA ATIVIDADES POSSÍVEIS NOS ESPAÇOS QUE DESENHA, MAS LIDA COM O CONCEITO DE ENTROPIA, COMO PROPOSTO POR WIENER E REVISADO POR ASHBEE, EM QUE O SISTEMA TORNA-SE AUTO-ORGANIZATIVO. (TRAMONTANO; REQUENA, 2006)

À medida que a tecnologia numérica se desenvolve e que o acesso a essas novas interfaces eletrônicas torna-se mais amigável e democrático, mídia-artistas, que defendem uma estética desenhada pela participação, buscam desenvolver mecanismos de retroação entre obra e espectador, delegando a ele a responsabilidade cada vez mais importante no ato da criação. É comum encontrarmos o uso da expressão "coautor" em textos que falam sobre a mídia-arte; porém, parece-me que tal termo confere uma demasiada importância à função do espectador na obra, já que essa palavra estabelece um nivelamento (desigual) de papéis entre o autor, em seu sentido original – aquele que cria e concebe –, e o usuário da obra. Se por um lado o interagente pode estabelecer novos rumos e fazer novas associações, de forma muitas

vezes imprevistas pelo criador, por outro, é impossível dizer que esse seja um mérito equivalente a todo o processo complexo em que o artista se envolveu para fundamentar e desenvolver sua obra. Possivelmente um termo mais adequado para nomear essa relação obra-espectador, segundo os arquitetos Greg Lynn e Lars Spuybroek, seja codesign. Para eles, o usuário de espaços interativos pode tornar-se uma espécie de codesigner do projeto, já que ele pode redesenhar novas soluções criativas de uso e ocupação dos espaços, conforme veremos nos próximos capítulos. O observador não se contenta mais em perceber a imagem à distância, ele interage com ela e quer comandá-la pelo olhar, pelo gesto ou pela voz, e o espaço virtual que se abre para ele não tem como medida o espaço de representação tradicional.

Os termos *flexibilidade* e *interação* devem encontrar nesses projetos, como veremos nos próximos capítulos, um uso ainda mais expressivo, na concepção de casas em que não apenas se deslocam paredes ou peças de mobiliário, mas que compreendem uma participação ativa do morador na sua configuração inicial e cotidiana. O usuário desse espaço possivelmente se acostumará a customizar os ambientes e a intervir em toda a organização espacial, integrando-se a um processo de design participativo reinventado graças à mediação tecnológica, intervindo em instâncias até então exclusivas dos arquitetos, tanto no processo de concepção espacial, graças às modelações digitais, como no uso, na escolha dos materiais ou até na previsão de custos de execução, possibilitados por novos programas.

Analisar a nova arquitetura que emerge nesse ambiente é buscar entender as possíveis transformações no cotidiano doméstico, na cidade e na sociedade contemporânea. Como veremos, as tendências na relação entre arquitetura, design e tecnologia parecem estar se movendo na direção da construção de ambientes interativos. Se a família mudou, se os hábitos mudaram, seu espaço de morar deve acompanhar tais transformações em busca de conforto e melhor qualidade de vida desse novo homem. Todos esses fatores, adicionados às questões trazidas com a cibercultura, certamente suscitam reflexões urgentes para o desenho de nossas casas na atualidade.

2
PROCESSOS DE CRIAÇÃO E DE PRODUÇÃO

Como vimos, a chamada cibercultura, que vem emergindo nas últimas décadas, transforma, desde os anos 1960, os modos de vida da sociedade contemporânea e, consequentemente, nossa domesticidade e nossos espaços de morar. A infraestrutura do ciberespaço está em amplo desenvolvimento, com a implementação de redes e de tecnologias, dando suporte às novas formas do pensar e de se comunicar.

Busquei mapear algumas possibilidades que os novos meios comunicacionais propiciam ao processo arquitetônico e seus reflexos no espaço doméstico, alterando os modos de morar. Foi fundamental conhecer mais sobre o discurso dos arquitetos que estudei. Nessa análise de projetos, verifiquei que a influência dos processos computacionais acontece nas três etapas arquitetônicas:

1. **PROCESSOS DE CONCEPÇÃO:** procedimentos envolvidos na criação e na representação do edifício.

2. **PROCESSOS DE PRODUÇÃO:** procedimentos ligados a construção e fabricação.

3. **USOS:** influência das novas tecnologias no que se refere ao edifício já finalizado, como configuração espacial e questões de interatividade.

PROCESSOS DE CONCEPÇÃO

O computador e os arquitetos

Em 1984 foi criado o primeiro computador com recursos gráficos, menus suspensos e mouse: o Macintosh, da Apple Computer, inaugurando o sistema operacional em janelas. Embora lentos e de pouca resolução, esses computadores foram responsáveis por uma verdadeira revolução, aproximando o universo técnico dos computadores ao usuário comum, explorando novos limites da interface homem-computador. Nos anos 1990, o sistema MS-Windows trouxe o mesmo conceito de janelas e ícones para a plataforma PC, auxiliando na popularização definitiva dos computadores pessoais. Com a disseminação da informática nos escritórios de arquitetura no final dos anos 1980 e sua conexão através da rede internacional, a internet, nos anos 1990, estava criado o ambiente propício e a infraestrutura necessária para a grande revolução no exercício de design.

Arquitetos em todo o mundo aderiram ao uso de programas de representação e modelagem digital, introduzindo em seus escritórios programas que rapidamente se popularizaram entre os profissionais, como o CAD (*computer aided design* ou design assistido por computador).

Desde esse período, o design digital está em plena expansão, trazendo mudanças profundas na concepção de arquitetura. O uso do computador, auxiliando as etapas de projeto, trouxe uma série de novos paradigmas à arquitetura contemporânea, elevando os processos de concepção a estágios complexos nunca antes imaginados. Sobre essa questão, o arquiteto holandês Kas Oosterhuis descreveu em sua entrevista:

TANTO EM HABITAÇÃO QUANTO EM OUTROS PROJETOS DE EDIFICAÇÃO, O USO CRIATIVO DE COMPUTADORES VEM MUDANDO QUASE TUDO. MUDA A FORMA COMO TRABALHAMOS EM NOSSO ESCRITÓRIO, MUDA A MANEIRA QUE TRABALHAMOS JUNTOS COM OUTROS PROFISSIONAIS, MUDA O JEITO QUE ORGANIZAMOS NOSSAS METAS, MUDA O FUNCIONAMENTO DE NOSSA AGENDA. ISSO TRAZ À TONA UMA COMPLETA MUDANÇA DE PARADIGMA QUE AFETA TODAS AS FORMAS DA NOSSA PROFISSÃO. NA VERDADE, NOS FEZ MAIS RADICAL DO QUE ÉRAMOS ANTES. (OOSTERHUIS, 2005)

Percebi que as inovações a partir do uso das TICs na arquitetura parecem acontecer fundamentalmente a partir de dois caminhos principais. O primeiro segue a prática experimental de alguns arquitetos vanguardistas, que questionam e subvertem a ordem tecnológica estabelecida, criando novas formas de apropriação dos meios e potencializando os recursos digitais disponíveis, por exemplo, trazendo técnicas de produção da indústria aeronáutica para a arquitetura ou então utilizando determinado software para outro fim não previsto pelos fabricantes, ou ainda empregando em seus projetos equipamentos técnicos de representação de outras áreas, como o cinema. Já o segundo caminho surge a partir da academia, em universidades e centros de pesquisa em tecnologia de suma relevância, como o MIT – Massachusetts Institute of Technology (EUA), Columbia University (EUA), Universidade de Delft (Holanda), ETSA (Espanha) e Universidade de Kassel e ZKM (Alemanha), que investem muitos recursos em pesquisas relacionadas a inovações nessa área. Essas técnicas construtivas e projetuais, somadas aos novos materiais, e, principalmente, ao pensar digital, resultam em uma produção arquitetônica que encontra mais recentemente (especialmente nos últimos quinze anos) a possibilidade de ser executada concretamente após anos de experimentação em ambiente virtual. Isso acontece, entre outros motivos, por conta das formas muitas vezes originadas a partir de modelagens complexas que requerem máquinas de natureza robótica para sua execução, além de programas sofisticados de cálculos e simulações.

Os processos de concepção arquitetônica tradicionais, em sua grande maioria, fazem uso fundamental do plano bidimensional, basicamente a partir de desenhos, instrumentados ou à mão (croquis). Nessa metodologia de criação, a visualização do espaço projetado se restringe ao universo 2D e toda etapa de simulação do espaço tridimensional depende de um tempo determinado pelos desenhos de perspectiva ou da produção de maquetes físicas. Com a aplicação do software de modelagem, um novo cenário criativo, no que se refere às possibilidades formais, veio à tona. Muitos programas, por exemplo, permitiram aos arquitetos visualizar e modelar o espaço tridimensionalmente em tempo real, eliminando algumas dificuldades da representação espacial no papel, otimizando o tempo e, certamente, potencializando a criação. As maquetes eletrônicas possibilitam a apreensão de vistas internas dentro do projeto, extraindo perspectivas que não são tão claras ou exatas em maquetes físicas, além das inúmeras possibilidades de simulação de luz, sombras e texturas. Para a Profª Drª Christina Araújo Paim Cardoso (2004, p. 1), o uso das ferramentas computacionais no processo de projeto pode ser analisado a partir de uma abordagem que propõe três fases:

1. uma primeira, em que as tecnologias tradicionais predominam e as ferramentas CAD apenas atuam como editores de desenho, substituindo os instrumentos tradicionais;

2. uma segunda, que corresponde à introdução da modelagem tridimensional, e logo em seguida dos programas de simulação;

3. a terceira, verifica-se em experiências recentes, com o uso acentuado das técnicas de simulação e animação, levando a um predomínio das tecnologias computacionais na projetação, fazendo com que o computador induza, de certa forma, esses experimentos arquitetônicos.

Para a professora, na primeira fase, o computador trabalha meramente como um editor de desenho, com as tecnologias computacionais substituindo instrumentos tradicionais de desenho. Esse comportamento seria característico de um primeiro momento, em que tais tecnologias são usadas para projeto como uma ferramenta de representação, principalmente nas etapas finais de apresentação do projeto. Essa é a fase em que se encontra grande parte dos escritórios de arquitetura, em que o computador interfere de maneira tímida, atuando mais como apoio e facilitador das atividades repetitivas do desenho técnico, agilizando a rotina dos escritórios e permitindo uma edição rápida e precisa dos desenhos, conforme define Cardoso (2004). Na segunda fase proposta, é introduzida a modelagem 3D, importante instrumento de concepção formal que permite ao arquiteto uma análise mais precisa dos espaços, possibilitando tomadas de decisões logo no início do processo de design. Ela complementa que, nessa fase, com o uso de programas de simulação, torna-se possível a verificação de comportamentos estruturais, conforto térmico, luminotécnico e acústico do edifício, afetando assim o processo de projeto. A terceira fase seria o momento de uso pleno do computador:

FIGURA 22. Macintosh Apple Classic. Crédito: Christian Brockmann.

(...) SÃO UTILIZADAS AS FERRAMENTAS CAD, COM ÊNFASE NAQUELAS DE SIMULAÇÃO, BEM COMO OS PROGRAMAS DE REALIDADE VIRTUAL, ONDE O OBSERVADOR SIMULA PERCORRER OS ESPAÇOS PROJETADOS, PODENDO INCLUSIVE INTERAGIR E VISUALIZAR O MODELO DE ACORDO COM SEUS OBJETIVOS. SÃO TAMBÉM DESENVOLVIDOS PROGRAMAS QUE OBJETIVAM A PRODUÇÃO DE FORMAS A PARTIR DE UM CONJUNTO DE DADOS QUE É FORNECIDO PELO PROJETISTA. (CARDOSO, 2004)

Podemos completar a descrição de Cardoso propondo ser nessa terceira fase, finalmente, o estágio em que arquitetos incorporam um *pensar digital*, resultando em propostas que abrigam conceitos advindos da cibercultura. Projetos que dialogam com questões de interação, realidade mesclada ou design participativo, de forma que nesse estágio o computador teria uma interferência diferente em relação à segunda fase, explorando formas complexas e agindo mais incisivamente em questões de cunho conceitual.

Nessa terceira etapa, a concepção formal dos edifícios se dá a partir do processamento de dados fornecidos a programas específicos de animação e simulação, que necessitam, em muitos casos, de tecnologias específicas tanto para a produção de maquetes como para partes do edifício projetado. É nessa etapa que encontramos edifícios com formas experimentais que, além de não se encaixarem no padrão euclidiano, são espaços não estáticos, que incorporam a instância *tempo* em sua concepção, abrigando possibilidades de reconfiguração espacial em tempo real. Arquiteturas constituídas a partir de superfícies fluídas e maleáveis que envolvem o prédio, muitas vezes compondo em continuidade o piso, o teto e as paredes.

No contexto dessa terceira fase, percebemos tentativas de alguns estudiosos em nomear e agrupar as diferentes correntes projetuais, como define a Profª Drª Cristina Cardoso (2004):

ARQUITETURA LÍQUIDA: É CONCEBIDA A PARTIR DO USO DE FORMAS EXPERIMENTAIS QUE, ALÉM DE NÃO SE ENQUADRAREM NO PADRÃO EUCLIDIANO DE ESPAÇO, NÃO SÃO ESTÁTICAS. SÃO ESPAÇOS CONSTITUÍDOS A PARTIR DE SUPERFÍCIES ENVOLTÓRIAS MALEÁVEIS, FLUIDAS E ENVOLVENTES, NAS QUAIS É DIFÍCIL FAZER UMA DISTINÇÃO ENTRE PISOS, PAREDES E TETOS, JÁ QUE ESSES NÃO SÃO ELEMENTOS DISTINTOS, MAS SIM A CONTINUAÇÃO UM DO OUTRO.

"TIME-LIKE ARCHITECTURE": EXPRESSÃO USADA PELO ARQUITETO INDIANO MAHESH SENAGALA PARA DEFINIR UMA NOVA TENDÊNCIA DE PRODUÇÕES ARQUITETÔNICAS QUE TÊM CAPACIDADE PARA SE MOVER E RECONFIGURAR, PARTINDO DE UMA REDE DE SENSORES À QUAL ESTARIAM CONECTADAS, SENDO SUA FORMA ATUALIZADA SEMPRE QUE ESTÍMULOS EXTERNOS FOSSEM CAPTADOS POR ESSES SENSORES, O QUE INDICARIA A INCORPORAÇÃO DA DIMENSÃO *TEMPO*.

ARQUITETURA GENÉTICA: TERMO CRIADO PELO GRUPO DE PESQUISA DA UIC – UNIVERSITAT INTERNACIONAL DE CATALUNYA, QUE SUGERE O USO DO COMPUTADOR NA GERAÇÃO DE NOVAS ARQUITETURAS, NÃO APENAS NO SENTIDO DA CONFIGURAÇÃO FORMAL, MAS TAMBÉM NO QUE DIZ RESPEITO AOS MATERIAIS E ÀS TÉCNICAS CONSTRUTIVAS A SEREM UTILIZADOS, CONECTANDO O PROJETO A MÁQUINAS DE CNC, O QUE LHES PERMITE TRABALHAR NO SISTEMA CAD/CAM.

Criar
híbrido

Novas tecnologias e diversos equipamentos têm sido desenvolvidos para auxiliar nosso processo criativo, como o scanner 3D, as impressoras 3D e as máquinas de corte a laser, além dos inúmeros programas de modelagem paramétrica. Alguns dos arquitetos que estudei fazem parte de um grupo que encontra grande potencial criativo nesse processo "híbrido", colaborando na produção de formas complexas, praticamente impossíveis de serem concebidas apenas com o uso das técnicas tradicionais.

Arquitetos como Wes Jones, Ben Van Berkel e Brendan MacFarlane podem utilizar no seu processo de criação e representação maquetes feitas de papel, desenhos e croquis, com modeladores digitais e scanners 3D. Verifiquei algumas situações desse criar híbrido, por exemplo, quando um arquiteto inicia uma modelagem 3D no computador e em seguida traz esse modelo para o meio concreto por meio da impressão 3D, para esculpi-lo à mão e em seguida levá-lo novamente para o computador, utilizando um scanner 3D e retomando a modelagem virtual em seguida. Há, nesse processo, um enorme potencial criativo que extrapola os limites físicos possíveis sem o uso dessas tecnologias e que nos permite refletir sobre as possibilidades em se repensar o processo de projeto. Quando saímos dos meios tradicionais de exploração de projeto para encontrar formas de mesclar meios diversos, como os descritos aqui, encontramos a possibilidade de repensar o próprio processo de projeto, em uma dinâmica que o prof. David Sperling (2003) chama de *metaprocesso*.

As possibilidades do criar híbrido ainda estão apenas se esboçando, mas com a popularização e o barateamento desses equipamentos, e consequente disseminação em universidades, fab labs, grupos de pesquisa e estúdios de design, certamente resultados inovadores continuarão surgindo. Nesse processo há sem dúvida um grande potencial, estimulado pelos caminhos abertos pela somatória dos meios analógicos com os digitais. Arquitetos mais experimentais passam a esboçar soluções na busca por outros processos projetuais, algumas vezes refletindo em uma nova estética. Assim, uma nova arquitetura se desenha.

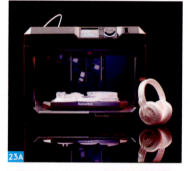

FIGURA 23. (A) Impressora 3D; (B) Scanner 3D; (C) Impressora 3D por fusão e deposição de filamento plástico. Créditos: (A) Cortesia de Makerbot; (B) Creative Tools; (C) Z22.

O NOX é o escritório de arquitetura dirigido pelo arquiteto holandês Lars Spuybroek. Além de arquitetura no seu entendimento clássico – espaço concreto – o NOX produz interiores, objetos, vídeos e instalações multimídia, produzindo ainda espaços híbridos e interativos. Além dessa produção de design, o arquiteto participa ativamente da discussão acadêmica acerca das tecnologias de informação e comunicação e sua influência nos processos arquitetônicos. Ele foi professor do curso Digital Design Techniques, na Universidade de Kassel, Alemanha. Seu ateliê é um bom exemplo dessa produção híbrida, que tem sido estimulada pelas crescentes possibilidades de criação no campo da arquitetura e em seu cruzamento com outras linguagens afins. Ele tem uma abordagem inovadora sobre processo de projeto e utiliza programas de animação os quais nomeia de *machine diagram*, em que diagramas de movimento consideram a experiência corporal dinâmica, em detrimento da experiência tridimensional estática. O arquiteto considera que, em vez de se tomar decisões com bases meramente visuais, o design deveria compreender outras dinâmicas envolvidas nos espaços, como movimento, som e outros fluxos, capazes de influenciar na forma e no funcionamento final do edifício. Em sua entrevista, o arquiteto me disse:

GERALMENTE EU ENSINO METODOLOGIA DE DESIGN. ENSINO AOS ALUNOS QUE TODAS AS DECISÕES DE PROJETO BASEIAM-SE EM REGRAS E, POR BASEAREM-SE EM REGRAS, SÃO PARAMÉTRICAS, ISTO É, VARIÁVEIS. ÀS VEZES OS ALUNOS FAZEM DOZE VERSÕES DE UM PROJETO. NÃO APENAS PARA APRESENTAR VARIAÇÕES, MAS PARA ENTENDER QUE DECISÕES DE PROJETO SÃO CONJUNTOS DE DECISÕES E QUE A VARIABILIDADE INFLUENCIA O OBJETO EM SI. PORTANTO, NÃO SÃO APENAS CURVAS, AINDA QUE UMA CURVA SEJA A PRINCIPAL EXPRESSÃO DE VARIAÇÃO: É TAMBÉM ENTENDER QUE AS CURVAS APENAS SE CURVAM (SEMPRE SÃO INICIALMENTE RETAS) EM RELAÇÃO A OUTRAS, E NÃO SOZINHAS. ESTAS TÉCNICAS SÃO O QUE CHAMO DE TÉCNICAS DE FIGURA-CONFIGURAÇÃO. A FIGURA CONTÉM UMA CERTA QUANTIA DE VARIABILIDADE, A CONFIGURAÇÃO FIXA AQUELA FIGURA NAS OUTRAS. ASSIM, PARTE E TODO SE INFLUENCIAM MUTUAMENTE O TEMPO TODO. (SPUYBROEK, 2005)

FIGURA 24. OffTheRoad_5speed, 1999, Lars Spuybroek. Eindhoven, Holanda. Ilustração: Estudio Guto Requena.

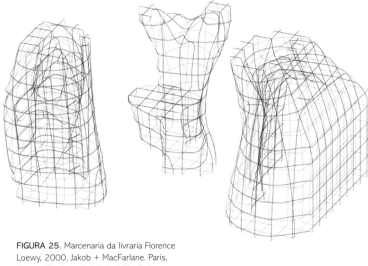

FIGURA 25. Marcenaria da livraria Florence Loewy, 2000, Jakob + MacFarlane. Paris, França. Cortesia de Jakob + MacFarlane.

FIGURA 26. Metropol Parasol, 2011, Juergen Mayer. Sevilha, Espanha. Crédito: Nikkol Rot, para a Holcim Foundation.

Do processo ao blob

Muito se tem discutido em design computacional sobre o processo orientado ao design, e não mais apenas ao produto final, ou seja, grande parte da discussão sobre as novas formas de projetar tem se desdobrado em pesquisas e experimentações sobre processos e metodologias de criação, nos quais, muitas vezes, o resultado estético final não é o foco principal.

Por exemplo, no processo de projeto da pioneira obra de arte pública interativa, a D-Tower, de 2001, localizada na cidade holandesa de Doetinchem, (fig. 27), projeto de Spuybroek. Nela, o computador foi responsável por gerar inúmeras variações formais obtidas a partir de diferentes parâmetros criados pelo arquiteto. Nesse caso, uma relação de simbiose é estabelecida entre máquina e homem: o homem, responsável por desenvolver o processo e escolher o resultado final; e o computador, responsável pelas diversas variações formais no processo de modelagem paramétrica, feitos a partir de programas com processos generativos.

Sobre esse assunto, outro arquiteto holandês, Kas Oosterhuis (2005), disse em sua entrevista que, em

breve, os designers poderão definir as "regras do jogo do design", criando ferramentas que auxiliarão nesse processo. Para ele, os processos de criação possuem parâmetros que devem ser manipulados pelos bons designers, e completa: "os arquitetos devem olhar atentamente as possibilidades de intervenção nesses parâmetros, assunto que deverá democratizar o design num curto prazo de tempo".

Outro projeto que exemplifica a discussão sobre novos processos de design pode ser a Chimerical Housing (fig. 28), dos arquitetos norte-americanos do Kolatan/ Mc Donald Studio. Chimerical Housing é a porção inicial de um projeto maior, que tem seu foco em design experimental para casas pré-fabricadas e customizadas para produção em série. Assim, cinco casas foram selecionadas a partir de uma série de variações desenhadas digitalmente, e todas essas variações se originam de uma mesma *matriz genética*. As informações para essa matriz genética foram geradas a partir de uma casa colonial norte-americana tradicional de três quartos e dois banheiros, que serviu como base de planta. Após uma mistura de operações digitais, produziu-se uma série intitulada Chimerical Housing (Moradia Quimera). As casas foram desenhadas para explorar a questão da seriação e de composições orgânicas na arquitetura, e,

segundo os arquitetos, esse projeto questiona o processo digital e sua capacidade de variações itinerantes, transformações orgânicas e hibridações, e sua relação com uma nova geração de materiais e produção de tecnologia digital. Esse estudo, segundo eles, envolve a preocupação com a inserção dos processos de projeto e construção da habitação no âmbito da industrialização, que envolve tecnologia de ponta permeada pelas TICs.

Analisando-se diversos projetos de habitação que compilei para o banco de dados dessa pesquisa, notei a recorrência da questão do design *aberto*, ou *colaborativo*, que compreende a geração de formas, muitas vezes complexas, resultantes de processos matemáticos gerados pelo computador, a partir de inputs fornecidos pelo arquiteto, como morfologia do terreno, condições climáticas, fluxos, gabarito do entorno, etc. A partir de tais inputs, o computador sintetiza diferentes possibilidades formais, cabendo ao arquiteto selecionar o rumo dessas variações. Sobre esse tema, Oosterhuis (2005) comenta em sua entrevista que, para ele, em um futuro próximo, os próprios usuários poderão participar do conceito de design aberto, intervindo no processo de criação, com o desenvolvimento da interação, via tecnologias computacionais, nos estágios iniciais de projeto. Volto a

FIGURA 27. D-Tower, 1999-2004, Lars Spuybroek. Doetinchem, Holanda. Cortesia de Lars Spuybroek.

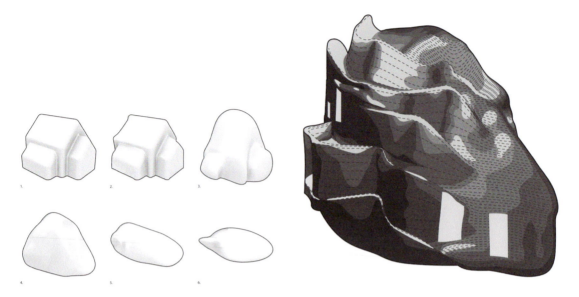

FIGURA 28. Chimerical Housing, 1999, Kolatan & Mac Donald Studio. Ilustrações: Estudio Guto Requena.

explorar a questão do codesign no próximo capítulo.

Juntamente a essas possibilidades de atuação do computador gerando inúmeras variações da forma, em um processo de criação generativo, há o surgimento de uma estética orgânica chamada por alguns teóricos de "blob". O termo foi usado pela primeira vez em arquitetura em uma reportagem com o mesmo título na Any Magazine, e se referia popularmente ao filme Blob (A Bolha Assassina), de 1958, e aos efeitos especiais em látex de James Carpenter, como também aos recursos de modelagem nos softwares daquele tempo, como o Metaclay, da Softimage, e o MetaBlobs, da Wavefront. Esses programas usavam o termo blob como abreviação para Binary Large Objects (Objetos Grandes Binários).[1] A palavra busca nomear as formas radicalmente diferentes, complexas e de geometria amorfa, que não se reduzem às formas elementares do design tradicional, como cubos ou esferas. Trata-se de superfícies formadas por múltiplas curvas livres, difíceis de serem visualizadas e projetadas a partir de métodos gráficos tradicionais, e que se popularizaram entre os arquitetos.

FIGURA 29. Cartaz do filme The Blob, de 1958. Crédito: PictureLux.

---

[1] Tradução do autor para a definição do termo blob, descrito pelo arquiteto Greg Lynn. Disponível em: http://www.glform.com. Acesso em: 22 jan. 2019.

FIGURA 30. Visiona 2 / Phantasy Landscape, 1970, Verner Panton para Bayer AG. Weil am Rhein, Alemanha. Cortesia de Vernon Panton Design.

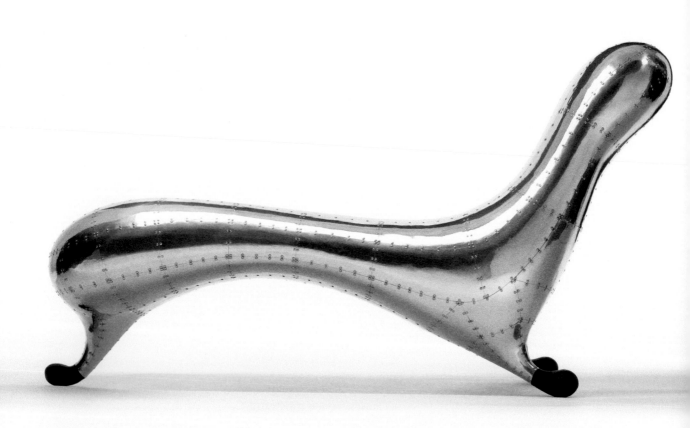

Um artigo publicado em 1995 pelo arquiteto Greg Lynn cunhou *Blob Architecture* para definir edifícios de geometria biomórfica, derivada da manipulação de algoritmos em programas de modelação tridimensionais. Lynn é atualmente um dos expoentes teóricos que defende tal estética como "a única coerente com o atual conhecimento tecnológico, de física e de matemática, pois engloba a complexidade existente em nossa percepção de realidade existente. Realidade esta que ele associa com a filosofia da 'dobra' de Deleuze para criar suaves transformações". (RIBEIRO, 2004)

A arquitetura contemporânea digital parece representar uma quebra formal, ideológica e principalmente conceitual com o passado. Esses arquitetos parecem anteceder uma nova e completa forma de pensamento arquitetônico, que ignora convenções de estilos, em favor de uma experimentação contínua baseada em programas generativos e modelação digital de formas que respondem ao contexto complexo ou influências funcionais, ambas estáticas e dinâmicas. A nova arquitetura digital muitas vezes parece ser descontínua, amorfa, não perspectiva e a-histórica, mas é certo que ela não vem sem precedentes.

Desde o Barroco, arquitetos vêm tentando ir além do eixo cartesiano

e das normas estabelecidas de beleza e proporção em arquitetura. As formas biomórficas não são novas, é claro, elas se originam desde o excesso do barroco até o vocabulário do design orgânico dos anos 1950. Existem exemplos nos anos 1920, como o arquiteto Erich Mendelsohn, com a Einsteinturm em Potsdam, na Alemanha. Outros exemplos são a Catedral de Ronchamp, de Le Corbusier (1955) e o Terminal TWA em Nova York, de Eero Saarinen, 1956. Não podemos nos esquecer ainda da importância dos arquitetos modernistas e os preceitos da fachada e planta livres de Le Corbusier, permitindo que os elementos de curvatura livre surgissem nos projetos modernistas da metade do século XX.

Outra referência importante, comumente citada pelos designers contemporâneos, são os arquitetos ingleses do Archigram. No projeto Soft Cities, eles traçam metáforas robóticas e paisagens urbanas quase orgânicas, evocando imagens de fantasias baseadas no visual tecnológico e na cultura pop. Inspirados nos trabalhos de Buckminster Fuller (Fig. 50 e 51), os designers pop estavam criando formas blóbicas nos anos 1960 e 1970, utilizando materiais como plástico e concreto, e fazendo experimentações em estruturas infláveis, inspirados claramente por uma nova liberdade formal. O trabalho desses designers e

FIGURA 31. Lockheed Lounge, 1985, Marc Newson para Pod. Cortesia de Mark Nelson. Foto: Karin Catt.

FIGURA 32. Einsteinturm, 1920, Erich Menselsohn. Potsdam, Alemanha. Crédito: Doris Antony.

FIGURA 33. Catedral de Ronchamp (Notre Dame du Haut), 1955. Le Corbusier. Ronchamp. França.

FIGURA 34. (A) Terminal TWA do aeroporto internacional John F. Kennedy (JFK), 2015, Eero Saarinen. Nova York, Estados Unidos. Crédito: Rich Lemonie; (B) Vista interna do Terminal TWA. Crédito: EAlevrontas.

34A

34B

pensadores oferecia uma nova interpretação da tecnologia na cultura e na prática, transgredindo as normas de beleza e função da época. Os projetos do Archigram, como Plug-in City, Living Pod e Instant City, por exemplo, exploravam questões teórico--conceituais advindas das novas tecnologias, indo muito além, portanto, da mera questão formal.

Também é importante lembrar-nos de designers como Eero Aarnio, Arne Jacobsen e Eero Saarinen, além de Verner Panton, que construíram uma temática relacionada à experimentação de formas orgânicas e curvilíneas, em clássicos do design como as cadeiras Panton, Bubble, Egg e Tulipa, nos anos 1950 e 1960.

FIGURA 35. *Instant City Visits Bournemouth*, 1969, Peter Cook, Archigram. Crédito: Archigram.

FIGURA 36. (A) Cadeira Tulip, 1956, Eero Saarinen; (B) Poltrona Egg, 1958, Arne Jacobsen, Republic of Fritz Hansen; (C) Cadeira Panton, 1968, Verner Panton; (D) Poltrona The Bubble, 1968, Eero Aarnio. Créditos: (A) Cortesia de Knoll. Inc.; (B) Cortesia de Republic of Fritz Hansen; (C) Cortesia de Vitra; (D) Cortesia de AArnio Design. Foto: Otso Pietinen.

FIGURA 37. Torus House, 1999-2003, Preston Scott Cohen. Nova York, Estados Unidos. Cortesia de Preston Scott Cohen, Inc.

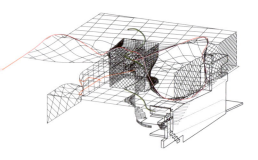

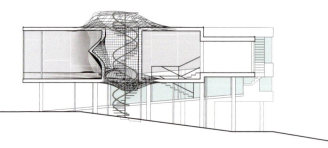

Essa experimentação *smooth* está presente em nossas vidas há pelo menos algumas décadas, e nos esquecemos que este design blob aparece em escovas de dentes, eletrodomésticos, computadores e nos carros. No entanto, parece-me que a indústria da construção civil foi a última a se transformar e adotar esses tais novos processos de design.

Inspirados por teóricos que vão de Leibniz a Deleuze, alguns arquitetos vêm explorando espacialidades de geometrias não euclidianas, sendo que muitos deles estão centrando suas investigações em topologia, e uma série de conceitos matemáticos concebidos com propriedades de objetos gerados a partir de deformações. Formas topológicas como Torus, Faixa de Möbius e a Garrafa de Klein entraram completamente no discurso arquitetônico, e, em alguns casos, projetos são nomeados como referências diretas a essas origens topológicas, como a Torus House, de Preston Scott Cohen, e a Mobius House Studies, de Stephen Perrela. Mas as definições de topologia aparecem muito mais como alegorias ou conceitos do que propriamente no resultado espacial.

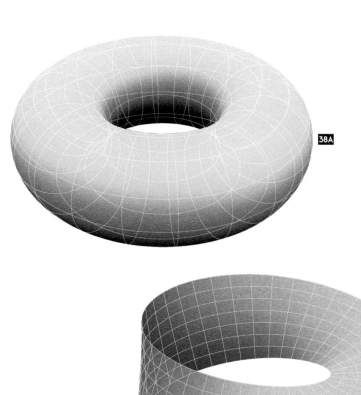

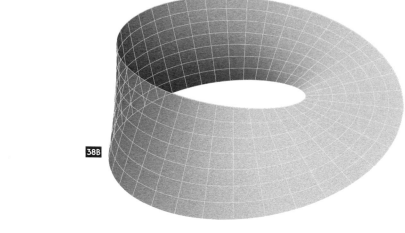

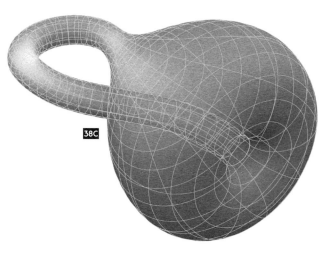

FIGURA 38. (A) Torus; (B) Faixa de Möbius; (C) Garrafa de Klein. Ilustrações: Estudio Guto Requena.

FIGURA 39. Möbius House, 1998, UNStudio.
Créditos: (A) e (C) Eva Bloem; (B) UNStudio.

É nítido que o uso de programas de modelação digital associados a programas de animação, originalmente advindos da indústria dos filmes, abriram novos territórios de exploração formal em arquitetura. Novas formas e contornos são criados por processos generativos baseados em conceitos como espaço topológico, superfícies isomórficas, sistemas dinâmicos, *keyshape animation*, design paramétrico e algoritmos genéticos. O uso da mídia digital por esses arquitetos mudou profundamente os processos tradicionais de design e de construção.

Outro exemplo do banco de dados de blob architecture é o projeto-conceito Embryological House, do arquiteto Greg Lynn, que lança reflexão sobre a produção controlada por computador, para a qual foram projetados mais de 2048 painéis, dos quais cada um seria único em forma e tamanho. Painéis individuais são interligados uns aos outros, de modo que uma mudança em um dos painéis pode ser transmitida

FIGURA 40. Embryological House, 1998, Greg Lynn. Cortesia de Greg Lynn.

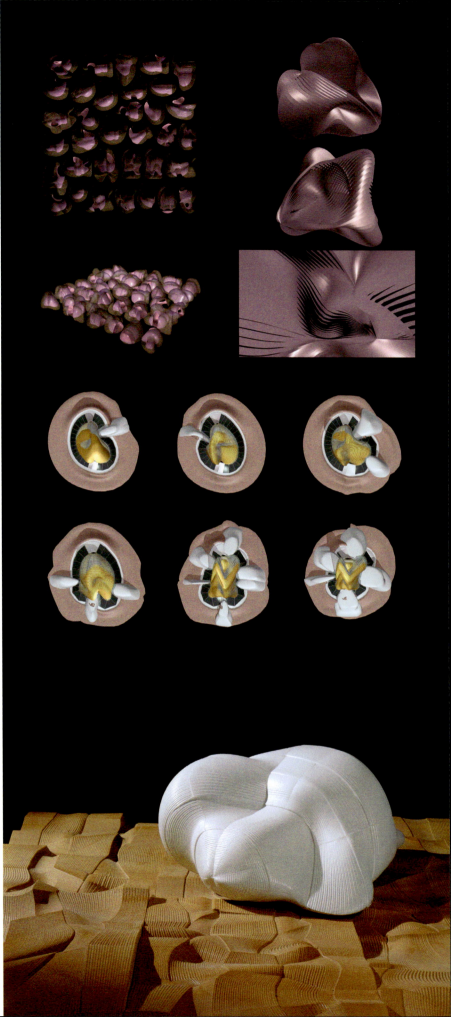

para todos os outros do conjunto. As variações dessas superfícies são virtualmente infinitas. O volume é definido como uma superfície suave e flexível de curvas, e não um conjunto fixo de pontos rígidos, e em vez de aberturas convencionais de portas e janelas uma alternativa foi criada: graças ao sistema de vedação flexível, composto por lâminas sobrepostas, as aberturas nos painéis seguem as curvas e a geometria, e cada abertura ou concavidade pode ser feita discretamente, integrada na superfície, em qualquer lugar que o morador desejar. As partes das curvaturas do invólucro seriam feitas de madeira, polímeros e aço, todos fabricados por intermédio de computadores robóticos e de uma máquina cortante a jato de água de alta pressão.

Além dos arquitetos citados, muitos outros nomes despontam pelo mundo, interessados em pesquisas dessa morfologia blóbica, de plástica contínua e fluida, sem interrupções, envolvendo interior e exterior. Essa postura identificada nos blob objects em nada se parece com alguns preceitos modernistas, no que se referia à preocupação de tornar clara a estrutura da edificação, evidenciando o processo construtivo e as técnicas utilizadas, em um esforço de tornar simples, funcional e extremamente racionalista a arquitetura, que obedecia a regras rígidas em sua

composição. O repertório formal moderno buscava a simplicidade, e suas regras revelavam na forma a função dos edifícios. A "honestidade" da arquitetura moderna abominava o ornamento e muitas vezes queria comunicar na superfície do edifício seu processo de construção.

Como mostra Fabíola Ribeiro (2004), mais recentemente os desconstrutivistas se mostraram contrários ao utilitarismo, à dicotomia forma e função dos modernistas, e seu "significado simbólico pobre". Rompendo com a racionalidade da geometria euclidiana, o arquiteto Peter Eisenman, por exemplo, distorceu edifícios e apresentou uma arquitetura esteticamente única, transgredindo os planos ortogonais, evocando uma estética de caos e provocando instabilidade a partir de ângulos inclinados e superfícies dobradas, em espaços fragmentados e descontínuos.

Para Fabíola, a estética desconstrutivista "pretendia ser de difícil decodificação por cérebros acostumados a decifrar formas hierarquicamente organizadas no espaço" (2004), renegando a perfeição formal tradicional de projetos com parâmetros cartesianos. Assim como o desconstrutivismo, a *blob architecture*, ou arquitetura paramétrica, também parece

negar-se a representar significados, o que pode ser constatado pelo fato de eles não serem reconhecidos em suas utilidades ou funções.

Alguns projetos de habitação que selecionei para pesquisa incorporam o blobismo como princípio de forma (Embryological House, Moebius House, Son-O-House, OffTheRoad, Chimerical Housing, Chesa Futura, etc.). No entanto, em muitos casos, arquitetos envolvidos com a exploração das TICs nos espaços que desenham parecem basear seus edifícios em princípios oitocentistas, sem se darem conta. São casos em que a experimentação se restringe apenas à forma, ao envelope do edifício, e não incorporam uma reflexão mais profunda no que diz respeito ao seu interior e às atividades nele inseridas. O projeto Chimerical Housing, um exemplo desse "ciber envelope", traz um conteúdo tradicional burguês tripartido, por exemplo, típico dos séculos XVIII e XIX.

O RESULTADO SÃO EDIFÍCIOS CUJA APARÊNCIA ESTÉTICA ADVÉM SUPOSTAMENTE DO IMAGINÁRIO "CIBER", MAS CUJO CONTEÚDO REVELA-SE RÍGIDO, PLANEJANDO UM USO ESTANQUE E PROGRAMADO DOS ESPAÇOS. PODE-SE ENTENDER ESSA ATITUDE COMO RESULTADO DE UMA FORMAÇÃO QUE SE SITUA ENTRE A FORMAÇÃO ACADÊMICA MODERNISTA DE MUITOS

> PROFESSORES E O INTERESSE POR UMA PRODUÇÃO QUE OCUPA CADA VEZ AS PÁGINAS DAS REVISTAS, EM FASE COM CONCEITOS DA CULTURA DIGITAL. (TRAMONTANO; REQUENA, 2006)

Se o design paramétrico nos parece um reflexo do nosso tempo, coerente com o atual conhecimento tecnológico, adaptado esteticamente à complexificação da era eletrônica, cabe-nos, portanto, a reflexão sobre quais novos padrões de comportamento seriam estimulados no interior dessas formas biomórficas, que podem inclusive ser não estáticas em alguns dos projetos, propostos por esses designers. Se a complexidade existente na nossa percepção da realidade se permeia por mundos híbridos, certamente novas maneiras de nos relacionarmos e nos comportarmos deve ser amparada nessa espacialidade alternativa. Não se trata, portanto, apenas de uma questão formal, e sim de um conjunto de novos significados simbólicos possíveis nesse novo interior, que referencia instâncias híbridas do mundo real. A reflexão dos arquitetos poderia extrapolar o deslumbramento técnico e formal, para abrigar, finalmente, questões sociais, sensoriais e cognitivas nessa nova habitação.

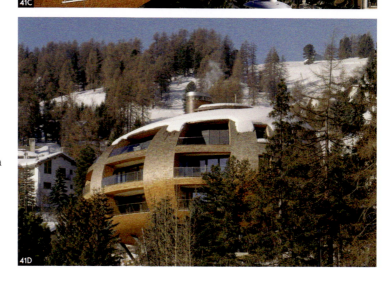

FIGURA 41. Chesa Futura, 2000-2004, Norman Foster + Partners. St. Moritz, Suíça. Créditos: (A) e (B) Foster + Partners; (C) e (D) Nigel Young/Foster + Partners.

Processos de representação: origens

O desenho é o meio de expressão e comunicação mais utilizado em arquitetura; e, como sabemos, essa forma de representação vem sofrendo profundas modificações em decorrência das diversas evoluções técnicas: pena, carvão, lápis, compasso, esquadros e, finalmente, o uso do computador. Um grande número de técnicas utilizadas até hoje para o desenho de arquitetura remonta ao início do século XVI, com o legado deixado pelos mestres do Renascimento, que já usavam, por exemplo, o trio planta, corte, fachada e algumas técnicas de perspectiva, além de utilizarem a construção de maquetes físicas em 3D.

No Egito Antigo os desenhos arquitetônicos eram feitos com pena de junco em papiro ou couro e representavam palácios, câmaras mortuárias e templos. Mas as raízes do desenho arquitetônico como conhecemos hoje estão em Vitrúvio e Alberti. No capítulo I, do livro I, do *De Architectura Libri Decem*, o arquiteto romano Vitrúvio define: "Deve o arquiteto ser perito na ciência do desenho (*graphidos scientiam*) para demonstrar, por meio de exemplos pintados (*exemplaribus pictis*) tanto em planta (*icnographia*), como em elevação colorida (*orthographia*) e em perspectiva (*scenographia*) a obra pretendida". Para o estudioso da disciplina de desenho de arquitetura, Luigi Vagneti: "a importância da representação gráfica se centra no desenrolar do pensamento arquitetônico, e a formação e a investigação dos meios mais adequados para dar a forma real a uma intuição construtiva". (SAINZ, 1990)

Na Renascença, o paradigma das artes aproxima-se das ciências. Filipo Brunelleschi (1377-1446) mostra essa maneira de pensar com a retomada dos princípios da perspectiva linear, conseguindo reproduzir no plano objetos tridimensionais. No entanto,

ALBERTI TRATA O DESENHO COMO UM RECURSO PARA PRÉ-CONCEBER A OBRA DENTRO DO LOCAL ESCOLHIDO, COM O USO DE INSTRUMENTAL E MEDIDAS CORRETAS. EM SEUS DESENHOS APARECEM SOMENTE PLANTAS E ELEVAÇÕES MONOCROMÁTICAS E ELE RECORRIA TAMBÉM A MAQUETES. (RIGHETTO, 2005)

É importante observar no discurso de Alberti que, a partir dos modelos (maquetes), o arquiteto podia acrescentar, diminuir e renovar cada elemento da obra, bem como examinar e analisar o modo e as despesas implícitas na sua execução. As maquetes seccionadas ao meio permitiam a visualização da estrutura (larguras, alturas e espessuras das paredes), assim como a amplitude e qualidade do conjunto, nele explicitando-se os ornamentos destinados a adornar o edifício e suas respectivas quantidades, números requeridos de colunas, capitéis, bases, cornijas, pisos, estátuas. Isso demonstra a grande importância dessa forma de representação volumétrica da arquitetura e a visualização do futuro edifício naquele período.

Pouco mais de trinta anos depois do Tratado de Alberti, Rafael deu mais uma definição do que deveria ser desenho de arquitetura: em sua carta ao papa Leão X, em 1519. Segundo ele, o desenho de edifícios pertinente ao arquiteto se divide em três partes. Primeiro, o desenho plano (planta); segundo, a parede de fora com seus ornamentos (fachada); e terceiro, a parede de dentro, também com seus ornamentos (corte). Seria a formação do núcleo central da representação do desenho de arquitetura. Posteriormente, em 1798, o matemático francês Gaspard Monge estabelece as bases da Geometria Descritiva, no autêntico sistema de planta, corte e fachada, codificando todos os sistemas de representação utilizados pela arquitetura: projeções ortogonais, perspectivas e axonometrias. Segundo Santillana (1981), a partir desse momento pode-se falar claramente em um sistema gráfico que serve de apoio à criação e representação de edifícios. Desde o século XVIII até muito recentemente, com a chegada dos computadores nos escritórios, tal sistema de desenho era a única alternativa possível para representação de arquitetura e única forma de estabelecer o diálogo contratual entre arquitetos, engenheiros, fornecedores, fabricantes e produtores.

Essa representação tradicional composta basicamente por planta, corte, fachada e perspectiva e, em alguns casos, adicionada pela maquete construída, tornou-se, nos tempos atuais, insuficiente para representar projetos com níveis de exigência cada vez mais complexos em função da sua morfologia, do seu funcionamento ou do seu sistema construtivo. Com o desenvolvimento das tecnologias de comunicação e informação, a partir dos anos 1960, e sua popularização nos escritórios de arquitetura nos anos 1980, juntamente a uma série de acontecimentos cada vez mais mediados pelo uso das novas tecnologias, a representação no design transformou-se por completo e trouxe consequências diretas para a disciplina de arquitetura.

Arquitetos veem-se diante dessa constante ampliação de possibilidades de trocas de informação via novas mídias, além do uso crescente de espaços virtualizados, propiciados em grande parte pela banalização do acesso à internet. Outras formas de diálogo midiatizado, estimulado por tecnologias digitais e meios de comunicação a distância, contribuíram para o surgimento de novos padrões de projeto e representação.

Desenho digital

A representação do desenho técnico arquitetônico atingiu níveis complexos, impossíveis de serem executados atualmente sem a ajuda dos programas computacionais. O edifício do Museu Guggenheim, em Bilbao, na Espanha, projetado pelo arquiteto Frank Gehry, foi um dos pioneiros nessa discussão. Para executar o projeto, a empresa Gehry Technologies desenvolveu recursos especiais para traduzir em representação digital as inúmeras maquetes concretas criadas pelo arquiteto. Essa empresa serve como exemplo para ilustrar esse mercado em pleno desenvolvimento, dedicado exclusivamente aos complexos processos de criação, produção e construção de edifícios que requerem programas e tecnologias específicas. O modelo digital criado pelo escritório de Gehry utilizou um software vindo da indústria aeroespacial, o CATIA, que foi o responsável em fornecer todas as informações técnico-construtivas, em um único modelo tridimensional, que uniu informações de diversas espécies, em uma metodologia completamente nova até então. Esse modelo tridimensional digital é parte fundamental nos contratos para a produção do edifício, de onde todas as informações e dimensões necessárias foram extraídas durante a construção e fabricação do edifício, de forma que esse modelo digital precede qualquer outro documento de construção, legalmente e na prática diária da obra. Essa foi uma transformação radical e revolucionária na prática da construção civil, fato que permitirá ao escritório de Gehry ser lembrado por toda a história da arquitetura, e não apenas devido às formas sinuosas e de geometria curvilínea do Museu Guggenheim, em Bilbao.

Para Cristiano Ceccato, diretor da Gehry Technologies, esse modelo digital unificador coloca o arquiteto em um patamar de "coordenador da informação" entre os diversos profissionais do design e da construção. A principal ideia parece ser unificar em um ambiente de informação digital as centenas de partes envolvidas na produção do edifício, com o propósito de resolver as ineficiências que resultam das divisões convencionais de distribuição de informação, no sistema tradicional de representação.

FIGURA 42. Museu Guggenheim, 1991-1997, Frank Gehry. Bilbao, Espanha.
Crédito: Sergio S. C.

FIGURA 43. The Moevius House Study, 1998, Stephen Perrella e Rebecca Carpenter. Cortesia de Rebecca Carpenter.

Nos novos processos digitais, concepção, produção e construção parecem não ser mais instâncias separadas; pelo contrário: cada vez mais se unem na prática e no conhecimento dos arquitetos. Construtores e fabricantes envolvem-se desde as fases iniciais do design, e os arquitetos tendem a participar mais ativamente também das fases de construção.

As evoluções técnicas das novas ferramentas digitais para representação aproximam as imagens digitais simuladas das imagens do mundo concreto, tornando cada vez mais difícil sua distinção, por exemplo, quando observamos uma imagem de um edifício em que é praticamente impossível saber se ele é concreto, ou seja, se foi construído ou se é apenas um edifício renderizado digitalmente. Para além de simular o mundo concreto, esses programas de representação, cada vez mais sofisticados, passam a envolver instâncias não usuais desse universo, propondo maneiras inovadoras de apresentar um projeto, com suportes como vídeos, realidade aumentada e outras interfaces interativas. Esse é um campo que deve se desenvolver muito nos próximos anos e que nos leva a refletir sobre a crescente interdisciplinaridade nos escritórios de arquitetura, em que profissionais de diversas áreas se unem para, por exemplo, traduzir conceitos de um determinado projeto, em manifestações de representação. Será cada vez mais comum encontrar diretores de cinema, programadores, designers gráficos, motion designers e outros especialistas em representação, programação e edição prestando serviços aos escritórios de arquitetura. Prova disso é o surgimento de inúmeras empresas especializadas na produção de modelos digitais, que surgiram na última década. Alberto Lacovoni, arquiteto principal do MaO/emmeazero, comenta em sua entrevista: "Nós estamos acostumados a fazer projetos que têm uma dimensão narrativa que pode somente ser representada por sequências de animações, pela simulação da evolução do processo, na qual cada um dos softwares são uma ferramenta muito forte de comunicação".

Se a representação mais comum encontrada atualmente se restringe aos modelos virtuais, certamente nos parece um terreno bastante fértil e criativo a possibilidade de trazer para esse universo técnico instâncias artísticas que podem enriquecer o entendimento e os conceitos do projeto, a partir de suportes multimídia, como vídeos, música e imagens interativas, trazendo para a arquitetura o universo do hipertexto, tão característico da internet.

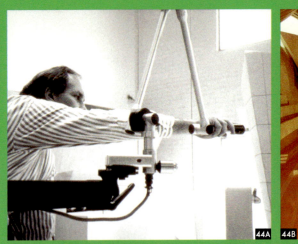

Em torno do hipertexto encontramos alguns dos mais importantes paradigmas do pensamento da contemporaneidade – velocidade, não-linearidade, interatividade, metamorfose, multiplicidade, entre outros. Com o hipertexto, descobrimos um pensamento da complexidade que se faz em rede. (PARENTE, 1999, p. 7)

Para o filósofo Pierre Lévy (1999), hipertexto é um texto em formato digital, reconfigurável e fluido, composto por blocos elementares que se ligam por meio de links que podem ser explorados em tempo real na tela. Lemos (2004, p. 122) define o hipertexto como informações textuais combinadas com imagens (animadas ou fixas) e sons, seja on-line (web) ou offline (cd-rom), promovendo uma navegação não-linear baseada em indexações e associações de ideias e conceitos sob a forma de link, com várias entradas diferentes, que permitem ao leitor/navegador escolher seu próprio percurso, gerando o que alguns teóricos chamam de hiperdocumento.

Se uma nova arquitetura emerge, certamente novas maneiras de representá-la surgirão. Edifícios que se comportam de modo não estático, incorporando a instância tempo em seu funcionamento, não poderão mais ser representados simplesmente com imagens fixas bidimensionais, da mesma forma que sistemas estruturais complexos necessitam de novas representações para possibilitar seu perfeito entendimento e execução pelas diferentes equipes ligadas à sua produção. O desenvolvimento de um modelo digital unificador e de novas representações multimodais funciona como uma espécie de hiperdocumento para a arquitetura, interligando os diversos profissionais responsáveis pelo design e construção do edifício, e apontam um caminho que deve se popularizar no campo da representação, alimentando a interdisciplinaridade nos escritórios de arquitetura.

FIGURA 44. Walt Disney Concert Hall, 1987-2003, Frank Gehry. Los Angeles, Estados Unidos. (A) Digitalização de uma das maquetes físicas do edifício; (B) Maquete escala 1:10 para testes de acústica; (C) Vista externa do Walt Disney Music Hall. Créditos: (A) e (B) Imagem fornecida por Gehry Partners, LLP; (C) Jon Sullivan.

PROCESSOS DE PRODUÇÃO

O arquiteto construtor

As tecnologias da Era Digital estão reconfigurando radicalmente a relação entre concepção e produção de arquitetura, questionando profundamente o que pode ser concebido e o que pode ser construído. Muitos prédios hoje, além de serem projetados em ambiente digital, podem também ser construídos digitalmente por meio de processos file-to-factory, com tecnologias de fabricação de máquinas de controle numérico (CNC). A esse respeito, Peter Zelner (1999) afirma:

A ARQUITETURA ESTÁ SE REINVENTANDO, TORNANDO-SE EM PARTE UMA INVESTIGAÇÃO EXPERIMENTAL DE GEOMETRIAS TOPOLÓGICAS, PARTE ORQUESTRAÇÃO COMPUTACIONAL DE PRODUÇÃO DE MATERIAIS ROBÓTICOS E PARTE UM ESPAÇO GENERATIVO, CINÉTICO E ESCULTÓRICO.

Muitos dos arquitetos que estudei voltam sua atenção para questões relacionadas com a produção e a fabricação dos edifícios, engajando-se na investigação de soluções técnicas possíveis para a materialização das formas e o funcionamento de seus projetos. Mark Gouthorpe (2004), principal arquiteto do DECOI, mostra que, de alguma forma, a complexidade das superfícies paramétricas exigiriam que os arquitetos voltassem a se envolver intimamente com a produção de seus prédios. Sobre este assunto, Kolaveric (2003) completa:

> O QUE UNIFICA OS ARQUITETOS DIGITAIS, DESIGNERS E PENSADORES NÃO É O DESEJO DE "BLOBIFICAR" TUDO E TODAS AS COISAS, MAS USAR A TECNOLOGIA DIGITAL COMO UM APARATO QUE PERMITA INTEGRAR DIRETAMENTE A CONCEPÇÃO E A PRODUÇÃO EM CAMINHOS SEM PRECEDENTES DESDE OS TEMPOS MEDIEVAIS DOS GRANDES CONSTRUTORES.

Como nos mostra o autor, durante séculos a profissão do arquiteto e a do construtor era apenas uma. Além de mestres no processo de projetar os espaços, os arquitetos estavam também muito mais ligados e próximos à produção dos edifícios. Dos grandes construtores da Grécia antiga até os mestres do mundo Medieval, todos detinham amplo conhecimento sobre construção, aplicação de materiais e seus meios técnicos, assumindo dessa forma uma posição central de grande poder.

A tradição desses mestres construtores, entretanto, não sobreviveu ao Renascimento, sua cultura, sociedade e economia. O teórico Alberti definiu em seu tratado que a arquitetura estava separada da construção (SAINZ, 1990), diferenciando, assim, arquitetos e artistas de mestres de obra e artesãos. A teoria definia a essência da arquitetura como obra intelectual, distanciando-a do conhecimento prático da construção.

A história da dissociação entre arquitetura e construção inicia-se no fim do Renascimento, graças a uma de suas mais celebradas invenções: o uso da representação em perspectiva e dos desenhos técnicos como meio de informação sobre os edifícios. Os construtores medievais (arquitetos) usavam poucos modelos e desenhos para comunicarem suas ideias, preferindo a comunicação verbal direta com os artesãos, que costumavam ficar continuamente no local da obra, em todas as suas etapas. Com a noção de superioridade intelectual do arquiteto, com a teoria de Alberti, tornou-se comum comunicar as informações aos construtores com a representação técnica, com o trio planta, corte e fachada, tornando optativa a presença desses profissionais na obra.

FIGURA 45. Milling Machine, 2017. Crédito: Lucascu.

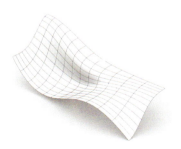 

FIGURA 46. Exemplo de triangulação de uma superfície de dupla curvatura, gerada pelo Estudio Guto Requena. Crédito: Estudio Guto Requena.

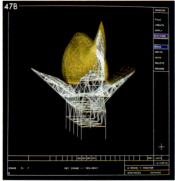 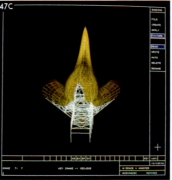

FIGURA 47. (A) Escultura Peix para o Pavilhão da Vila Olímpica (vista externa), 1992, Frank Gehry. Barcelona, Espanha; (B) e (C) Modelo digital da escultura feito no programa CATIA. Créditos: (A) Isiwal; (B) e (C) Imagens fornecidas por Gehry Partners, LLP.

76

A separação entre arquitetura e construção tornou-se mais drástica na metade do século XIX, em razão de dois motivos principais: quando os desenhos finalmente tornaram-se documentos de contrato entre arquiteto e cliente e com o surgimento, na Inglaterra, do engenheiro profissional. Assim, a relação entre o arquiteto e os outros profissionais envolvidos na construção passou a ser definida contratualmente, com o objetivo de articular as responsabilidades e habilidades de cada um.

Como sabemos, o século XX trouxe grande complexidade ao design e à construção, com o desenvolvimento de uma grande gama de novos materiais, tecnologias e processos construtivos, e, mais recentemente, os processos digitais de fabricação representaram um rompimento radical nas práticas arquitetônicas: alguns projetos já eliminam a produção de diversos documentos de construção, como desenhos em papel, de forma que as informações são transmitidas via dados digitais diretamente aos fabricantes. A primeira experiência em processo de produção digital, sem papel, foi comandada por Frank Gehry, no final dos anos 1980, com a criação e construção da escultura em forma de peixe, na entrada do pavilhão da Vila Olímpica, em Barcelona. Processo comum em seus projetos, Gehry

gerou primeiramente um modelo físico, para depois recriá-lo em ambiente digital.

Essa possibilidade de gerar digitalmente um prédio e analisar a informação do design, usando-a diretamente para a construção do edifício, redefiniu a relação entre concepção e produção, estabelecendo um fluxo de informação contínua que vai desde as primeiras etapas do design até a construção final, definindo o que Kolaveric chama de "Digital Contínuo". Há, sem dúvida, uma nova inter-relação surgindo entre os limites das disciplinas de arquitetura, engenharia e construção, graças ao uso progressivo das TICs. As informações são compartilhadas agora por equipes, e não pelo indivíduo, e a comunicação é contínua, em vez de ser fragmentada.

Assim como podemos verificar nas obras de arte e na tecnologia, existem novos paradigmas com relação à autoria também em arquitetura. Como um diretor de cinema, o arquiteto passa a orquestrar múltiplos processos e relações entre diferentes equipes, coordenando um trabalho complexo que exige colaboração contínua entre todos os envolvidos, resultando em uma obra que certamente não deve levar apenas o nome do arquiteto mas dos diferentes núcleos envolvidos.

Assim como em um filme, que especifica os créditos em direção de arte, figurino, maquiagem e efeitos especiais, ou como em uma obra de arte mídia, onde os nomes dos programadores, criadores de interfaces e engenheiros aparecem com destaque, esses prédios poderiam ter em sua "ficha técnica" os nomes das equipes de "desenvolvimento de software", "design de interfaces", "gestão de prototipagem rápida", e assim por diante.

Concepção e fabricação assistida pelo computador

Como vimos, a influência dos processos computacionais na fase de construção do edifício resultou em um enorme impacto na arquitetura. Finalmente, após muitas experimentações formais, a indústria da construção civil produz formas e estruturas complexas, a partir de novas técnicas que incorporam máquinas robóticas precisas para corte e transporte de peças, prototipagem rápida, novos materiais para estrutura e revestimento, novos métodos de pré-fabricação e tecnologias que possibilitam a materialização dessas novas arquiteturas.

Diversos arquitetos fazem uso das máquinas de controle numérico não

apenas nas etapas que envolvem criação, como na produção de modelos para estudo, mas também na fase de construção, na produção de partes do edifício por meio da tecnologia CAD/CAM. O termo CAD (Computer Aided Design) pode ser traduzido como "Concepção Assistida por Computador" e trata do processo de projeto que utiliza técnicas gráficas computadorizadas, a partir de aplicativos de apoio, auxiliando na resolução dos problemas associados ao projeto. Por sua vez, a sigla CAM (Computer Aided Manufacturing), traduzida como "Fabricação Assistida por Computador", refere-se a todo e qualquer processo de fabricação controlado por computador. A sigla CNC (Computer Numerical Control) engloba diversos processos automatizados de fabricação, tais como fresamento, torneamento, oxicorte e corte a laser.

A tecnologia CAD/CAM corresponde à integração das técnicas CAD e CAM em um sistema único e completo. Isso significa, por exemplo, que se pode projetar um componente na tela do computador e transmitir essa informação por meio de interfaces de comunicação entre o computador e um sistema de fabricação, permitindo que o componente possa ser produzido automaticamente em uma máquina CNC. A prototipagem rápida compreende um conjunto de tecnologias (como a impressão 3D) que permitem a produção rápida de uma peça tridimensional.

Mas foi apenas nas duas últimas décadas que os avanços tecnológicos na produção CAD/CAM passaram a gerar impacto na produção do design e nas práticas construtivas. Eles abriram novas oportunidades, permitindo a produção e a construção de formas complexas que eram, até recentemente, difíceis e caras de serem produzidas pela tecnologia tradicional. Os programas de modelação 3D digitais baseados em *nurbs* (*non-uniform rational b-splines*), ou seja, curvas paramétricas e superfícies, abriram um universo de formas complexas que eram difíceis de serem concebidas, desenvolvidas, representadas e fabricadas. Um *link* direto entre design e produção foi estabelecido graças a essas recentes tecnologias.

Eu tenho grande fascínio pelo tema da fabricação digital, desde a primeira vez que ouvi falar do assunto. Foi em um estágio que fiz em Los Angeles (EUA), no escritório GLForm, do Greg Lynn, grande filósofo, matemático, arquiteto e teórico norte-americano de Cultura Digital. Em seu estúdio, trabalhei servindo café, fazendo faxina e uma maquete gigante que nunca cheguei a terminar. Era o ano de 2000, início da minha

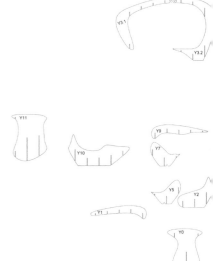

FIGURA 48. Empatias Mapeadas, 2018, Guto Requena. São Paulo, Brasil. Empatias Mapeadas é um projeto de pesquisa experimental que explora possibilidades de adicionar novas camadas poéticas ao mobiliário urbano por meio de tecnologias digitais interativas. Projetada por meio de técnicas de modelagem paramétrica, a obra foi inspirada em templos de meditação, e o resultado é uma estrutura orgânica de madeira, digitalmente fabricada por maquinário. A obra abriga confortavelmente um grupo pequeno de pessoas cujas batidas do coração são gravadas em tempo real, ao toque do dedo via sensores instalados nos bancos. Esses dados vitais são enviados para microfones e luzes, que transformam a arquitetura em uma imensa escultura de emoções. O batimento cardíaco individual pode ser escutado e músicas são geradas por um software que intercala os sons e transforma todos os batimentos em uma sinfonia dirigida pelo pulso da vida. Luzes acompanham o mesmo ritmo, criando efeitos que seguem esse processo de imersão. Créditos: Lufe Gomes.

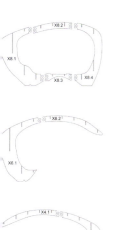

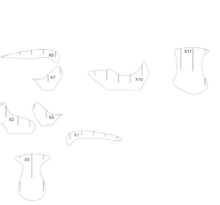
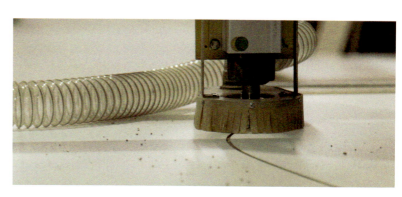

FIGURA 49. Cena do filme *Minority Report*, 2002, dirigido por Steven Spielberg. Cortesia da Twentieth Century Fox.

faculdade e da popularização da internet (discada, com aquele chiado nostálgico no momento da conexão), minhas primeiras contas de e-mail e redes sociais.

Foi nesse período que, privilegiado, visitei atônito uma fábrica de produção digital de grande porte. Com aura de ficção científica e muito sigilo, presenciei a fabricação de protótipos em escala real de uma Ferrari e de um caça da Força Aérea americana que eram esculpidos em blocos de polímero, ao vivo, por imensos braços robóticos. Pasmo, vi também, pela primeira vez, uma impressora 3D fazendo próteses para corrigir deficiências físicas de pessoas que perderam membros em acidentes. Greg Lynn foi o arquiteto consultor do filme *Minority Report* (2002), de Steven Spielberg, motivo daquela visita inesquecível para acompanhar a confecção do cenário. Eu me vi ali no meio de robôs, nocauteado pelas possibilidades que se abriam.

Essas tecnologias, cada vez mais democráticas, distribuídas e acessíveis, estão nas mãos de uma nova geração, os chamados *makers*. Em suas casas, escolas ou laboratórios de fabricação digital (os fab labs), eles exercitam coletivamente a reconstrução do mundo em que vivemos, melhorando produtos existentes ou criando novos serviços. Para que essas ideias e processos não se restrinjam a um grupo de privilegiados, é fundamental e urgente um programa de políticas públicas no Brasil que amplie o acesso a tais conteúdos e tecnologias a jovens menos favorecidos. Caso contrário, correremos o risco de aumentar ainda mais o abismo de educação e cultura existente, distanciando-nos da possibilidade de viver em uma sociedade menos desigual.

Navios, aviões e carros: um olhar necessário

A indústria da construção civil parece se voltar com cada vez mais atenção para as indústrias aérea, automotiva e naval, trazendo outras dimensões ao design e à fabricação. Os construtores de navios eliminaram os desenhos de representação para sua construção e trabalham atualmente com modelos digitais 3D em todas as etapas. Processos similares a esse também estão acontecendo na indústria automotiva e aeroespacial. Alguns dos arquitetos que entrevistei destacaram a necessidade de olharmos com atenção para tais indústrias. A complexidade da geometria curva dos carros, aviões e navios também se tornou comum à arquitetura.

FIGURA 50. Dymaxion House, 1946, Buckminster Fuller.

O interesse dos arquitetos em se reapropriar das tecnologias e métodos advindos de outras indústrias não é novo. Já em 1946, Buckminster Fuller, em seu projeto Dymaxion House, optou por um método de produção da indústria aérea e naval, antecipando meio século atrás uma prática que vem se tornando mais comum. Arquitetos sempre olharam através dos limites de sua disciplina, apropriando-se de materiais, métodos e processos de outras indústrias. O impacto da adoção

FIGURA 51. Dymaxion Car, 1934, Buckminster Fuller.

de tecnologias inovadoras nessas indústrias (aérea, naval, automotiva) foi profundo e houve uma completa reinvenção sobre como os produtos são desenhados e fabricados.

A convergência das técnicas de representação e fabricação trouxe uma grande oportunidade para que houvesse uma profunda transformação na profissão do arquiteto e, portanto, na indústria da construção. O universo do design, desde simples produtos a sofisticados aviões, ou a ser criado e produzido utilizando um método em que design, análise, representação e fabricação tornaram-se um processo colaborativo que depende das tecnologias digitais.

O modelo digital 3D é uma peça única e de importância fundamental, contendo todas informações necessárias tanto para o design quanto para a fabricação, com o arquiteto como coordenador desse processo. Layers de informação de projeto são extraídos ou adicionados conforme a necessidade dos arquitetos, engenheiros, construtores e fabricantes, em um trabalho colaborativo que utiliza esse modelo digital único desde os primeiros estágios do design do edifício, como ensinou Gehry, em Bilbao.

As escolas de arquitetura devem preparar seus alunos para as práticas que emergem com a popularização dessas novas tecnologias e seu consequente barateamento. É preciso treinar os estudantes para que eles tenham contato com essa nova realidade construtiva, com modelagem paramétrica, e capacitá-los para que tenham também conhecimentos básicos de programação, democratizando assim a produção de outras arquiteturas.

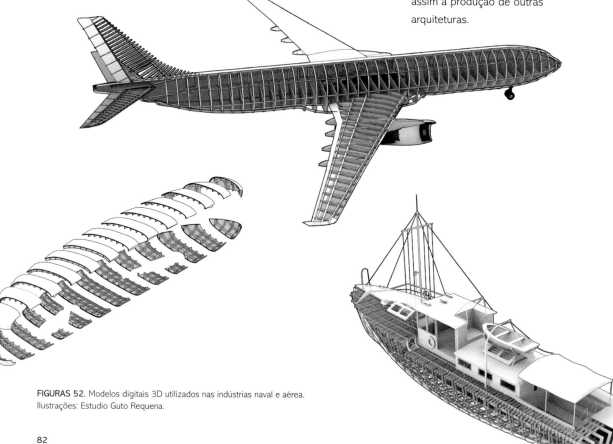

FIGURAS 52. Modelos digitais 3D utilizados nas indústrias naval e aérea. Ilustrações: Estudio Guto Requena.

Por um novo sistema estrutural

Uma nítida divisão pode ser feita entre os projetos que estudei, no que se refere ao seu sistema construtivo estrutural. Um primeiro grupo incorpora um sistema estrutural tradicional, muitas vezes ortogonal e modular, em que apenas seu invólucro, seu fechamento, possui uma forma não ortogonal e orgânica. (fig. 28). Um segundo grupo, no entanto, incorpora um sistema estrutural que, assim como em seu exterior, segue as formas curvas do edifício, possibilitado graças ao design e produção digitais (Son-o-house, Slavin house). Por último, identifico um terceiro grupo de projetos, que abandona completamente a estrutura tradicional pilar-viga, idealizando um sistema estrutural completamente novo, não estático e que poderia incorporar também nesse envelope externo a flexibilidade proposta no seu interior. Nesse sistema, o objeto arquitetônico seria completamente maleável, gerando diversas possibilidades de transformação formal, como edifícios que podem expandir ou retrair seus limites físicos e gerar diferentes aberturas.

FIGURA 53. Son-O-House, 2004, Lars Spuybroek. Breugel, Holanda. Cortesia de Lars Spuybroek.

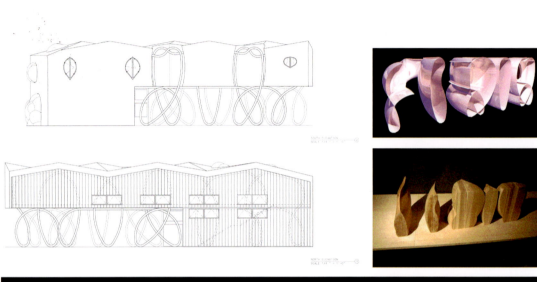
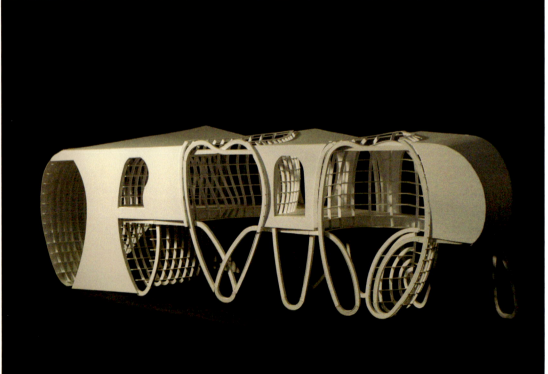

FIGURA 54. Slavin House, 2005, Greg Lynn. Los Angeles, Estados Unidos. Cortesía de Greg Lynn.

Uma corrida para se desenvolver esse sonhado sistema estrutural flexível está em andamento em centros tecnológicos, laboratórios e universidades pelo mundo.

O grupo acadêmico Hyperbody, da Universidade de Tecnologia de Delf, Holanda, coordenado pelo professor Oosterhuis, vem se dedicando à pesquisa de estruturas flexíveis interativas, em uma série de estudos intitulados *Muscle*, que compreende diversos experimentos com estruturas que podem expandir e retrair, em função de inputs externos. Já Lynn está ligado a grandes empresas privadas do Vale do Silício, na busca pela execução de projetos como a Embryological House, em que toda a vedação e estrutura das casas podem se movimentar, gerando aberturas nesse envelope externo. Esses dois exemplos ilustram a corrida entre designers pelo desenvolvimento de técnicas possíveis de produção de um sonhado sistema construtivo maleável, trazendo uma nova era na produção arquitetônica interativa.

Produção "customizada" em série

A geometria modernista do século XX foi, em parte, dirigida pelos paradigmas da fabricação fordista, ditada pela lógica da estandardização e pré-fabricação. A racionalidade da fabricação exigia simplicidade geométrica e uso repetitivo de componentes produzidos em série. Tal rigidez da produção não é mais necessária em muitos projetos, graças ao desenvolvimento das máquinas de controle digital, que podem fabricar peças únicas, componentes de formas complexas e, finalmente, com um custo viável.

A questão da variedade nos componentes construtivos dos edifícios não deverá comprometer a eficiência e a economia na indústria da construção. A possibilidade de uma produção diferenciada produzida em série, com a mesma facilidade da estandardização, introduz a noção de customização em massa (*mass customization*). Se imaginarmos seu barateamento e popularização, todos os segmentos da economia e da produção industrial deverão ser afetados graças às máquinas de controle numérico, já que tanto faz produzir 1000 peças únicas ou 1000 peças idênticas. Conforme define Joseph Pine, "Customização em massa

parece ser o novo paradigma da Era pós-fordismo na economia do século vinte e um". (KOLAVERIC, 2003)

A "pré-fabricação diferenciada", ou "fabricação customizada em série", é uma técnica construtiva digital que permite a produção seriada sem a necessidade, no entanto, de que as peças possuam a mesma forma e medida. Essa tecnologia assistida por computador incorpora os processos CAD/CAM em sua produção. Um projeto que exemplifica essa técnica é o OfftheRoad 5Speed, do arquiteto Lars Spuybroek, que sugere a execução de um grande número de casas, sem que elas precisem, no entanto, ser idênticas. Em sua entrevista, o arquiteto afirma que a moradia sempre foi controlada por tipos:

TIPOS FIXOS PARA ENTIDADES SOCIAIS FIXAS COMO A FAMÍLIA, OS IDOSOS, O INDIVÍDUO QUE MORA SOZINHO, ETC., ISSO EXPLODIU, PELO MENOS NA HOLANDA: HÁ HOJE EM DIA TANTOS TIPOS QUE NÃO SE PODE MAIS CHAMÁ-LOS DE TIPOS. POR OUTRO LADO, A ECONOMIA E A RENDA TÊM UM PAPEL MUITO IMPORTANTE NO PLANEJAMENTO ESPACIAL. ENTÃO, O TEMA PRINCIPAL É "VARIAÇÃO", QUE É SUTILMENTE DIFERENTE DO QUE SEMPRE FOI CHAMADO DE "FLEXIBILIDADE".

> FLEXIBILIDADE SEMPRE FOI UMA ABERTURA A LONGO PRAZO PARA MUDANÇAS. VARIAÇÃO É UMA FLEXIBILIDADE A CURTO PRAZO QUE COMPREENDE QUE A PREFERÊNCIA DA FLEXIBILIDADE POR NEUTRALIDADE NA VERDADE NÃO PERMITE QUE AS PESSOAS FAÇAM ESCOLHAS. PORTANTO, VARIAÇÃO É AO MESMO TEMPO FLEXIBILIDADE FORMAL E PROGRAMÁTICA. (SPUYBROEK, 2005)

Se imaginarmos o rápido barateamento dessa tecnologia e o uso desse processo no Brasil, podemos idealizar grandes avanços e imenso potencial na produção de casas populares, por exemplo. Nos conjuntos habitacionais para a população de baixa renda, percebe-se em avaliações de pós-ocupação a vontade dos moradores em diferenciar sua casa da dos seus vizinhos, empregando valores de identidade ao seu imóvel. Nesses conjuntos, todas as casas são entregues exatamente iguais aos proprietários, em uma lógica de produção industrializada baseada nos preceitos da repetição em série, única alternativa barata até então. No entanto, tais casas idênticas em sua forma e composição são construídas para abrigar configurações familiares e modos de vida completamente distintos. O desejo de diferenciação aparece nesses conjuntos a partir das inúmeras reformas e completa desconfiguração do projeto original, em que os moradores se esforçam em customizar suas casas, por meio da cor, de reformas de fachada ou ocupação das áreas livres do terreno. Com o uso dessas tecnologias de produção seriada diferenciada no Brasil, poderíamos imaginar interessantes possibilidades de construção de casas populares, com características de distinção entre elas, a partir dessa variação em seu tamanho e forma dos componentes, graças ao processo seriado customizado, resultando em espaços mais flexíveis que poderiam se adequar às diferentes necessidades de cada família, promovendo uma possibilidade de identidade e melhor qualidade de vida.

FIGURA 55. Acoustic Barrier, 2006, ONL Innovation Studio. Arquiteto: Kas Oosterhuis. Utrecht, Alemanha. Cortesia de Kas Oosterhuis.

No projeto Variomatic SM House, Kas Oosterhuis propõe aspectos de interação na variação dos parâmetros de design em casas de baixo custo, gerenciado por um software acessível pela internet. Acessando um site, os clientes teriam acesso a um catálogo interativo de casas e poderiam prever sua forma e dimensões, variando a profundidade, largura, altura e escolhendo entre diferentes materiais e cores, como metal, ladrilho e pvc, visualizando tudo em tempo real, a partir de um modelo virtual. Além disso, os futuros moradores poderiam definir o interior da casa, escolhendo, por exemplo, as subdivisões do espaço, localização da cozinha e do espaço de convívio, já que a escada, o banheiro e o quadro de força seriam os únicos componentes fixos. Os compradores, dessa forma, poderiam participar no processo de design de sua própria casa em um processo colaborativo, que resultaria em casas seriadas diferentes umas das outras. O projeto busca combater a produção em massa de habitações e catálogos de venda de casas prontas idênticas, comuns na Holanda. A casa possuiria uma geometria elástica integrada a dados da superfície, permitindo cálculo do volume e dos custos, já que o software propõe uma pesquisa de preços para região onde a casa seria construída, contribuindo inclusive na definição sobre que materiais mais baratos a região poderia oferecer. Após ter definido sua própria casa, o cliente poderia visualizar a maquete e uma série de desenhos, e imprimir o resultado.

FIGURA 56. Variomatic SM House, 2002, ONL Innovation Studio. Arquiteto: Kas Oosterhuis. Cortesia de Kas Oosterhuis.

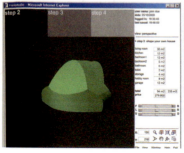
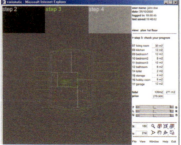
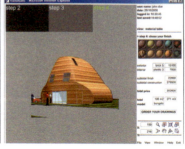

Uma nova materialidade

Com a construção recente de edifícios que fazem uso dos processos computacionais e aspectos conceituais advindos do terreno da virtualidade, percebemos as diversas possibilidades técnicas trazidas com os avanços na construção civil. Novos materiais, formas complexas e consequentemente novas soluções estruturais são experimentados a partir de inúmeras pesquisas nesse campo. Grupos de pesquisa como o Materia,[2] na Holanda, são responsáveis pelo desenvolvimento, estudo, exploração e disseminação de novos materiais para a indústria do design e da construção civil, como aerogel, polímeros e espumas, entre muitos outros, e sugerem inovações para a área da construção sustentável.

A materialidade dos edifícios quase sempre reverenciou o uso de fechamentos opacos e transparentes para a vedação dos espaços, como o concreto, a madeira e o vidro. Há, no entanto, mais recentemente, um forte desejo nos arquitetos quanto ao uso de componentes translúcidos, que, por suas características físicas, revelam apenas contornos e sensualmente revelam partes de um todo, permitindo diferentes filtros de luz e de privacidade, agregando valores diferentes aos ambientes. Sabemos, porém, que o uso de materiais com esse impacto não é novo. Não podemos nos esquecer, por exemplo, das divisórias translúcidas de papel arroz, típicas da arquitetura japonesa, ou mesmo do brise soleil do modernismo brasileiro, exportado para todo o mundo, ou o próprio mucharabi originado nos países árabes, ambos elementos responsáveis em filtrar a luz do sol, estabelecendo relações entre o interior e o exterior.

Conceitos característicos da cultura digital, como mobilidade, sobreposição, rearranjo, transparência e hibridismo, por exemplo, também podem sugerir usos e aplicações inovadoras nos materiais construtivos. Interiores arquitetônicos revelam espaços que experimentam graus diferentes de transparências e sobreposições de materiais, como layers em placas e tecidos translúcidos, divisórias de chapas perfuradas de metal, acrílicos, telas metálicas e, mais recentemente, materiais como o concreto translúcido. Verificamos ainda o surgimento do termo *transmateriais* ou *hipermateriais*, que dão nome a um grupo resultante de novos processos, advindos da engenharia química e de materiais, como os compostos, materiais criados pela combinação de dois ou mais componentes, muitas vezes, com propriedades muito diferentes entre si. O resultado é uma gama de novos materiais, que podem envolver processos mais sustentáveis, melhores performances e propriedades muitas vezes superiores às de outros componentes.

Um novo material que tem sido bastante usado nos últimos anos, por exemplo, é a fibra de carbono, feita de "nanotubos de carbono", que produz estruturas muito mais leves, menos espessas e muitas vezes mais resistentes que o aço. Além disso, fibra de vidro, polímeros e espumas, segundo Kolaveric (2003), oferecem uma série de vantagens sobre os materiais convencionais da construção civil. Eles são mais leves, mais resistentes e podem ser facilmente esculpidos nas mais diversas formas. Já as características físicas da fibra de vidro a fazem particularmente moldável para a fabricação de formas complexas. Em seu estado líquido ela pode ser introduzida em qualquer molde e produz facilmente uma superfície paramétrica. Esses materiais maleáveis despertam interesse nos arquitetos em razão de suas características de fácil modelagem. O emprego desses diferentes materiais nas edificações é um reflexo do seu uso há muito mais tempo nas indústrias aérea, naval e automobilística.

---

2 É possível saber mais sobre o trabalho desse grupo acessando o website http://www.materia.nl.

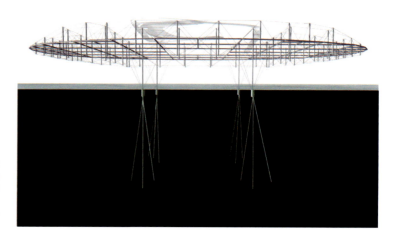

FIGURA 57. Blur Building, 2000-2002, Elizabeth Diller e Ricardo Scofidio. O pavilhão possui como vedação uma nuvem obtida com o uso de água filtrada do lago, expelida como um nevoeiro pouco espesso, por meio de 31.500 dispersores de água de alta pressão. Cortesia de Diller+Scofidio.

Outros exemplos de transmateriais são aqueles que podem mudar suas características dinamicamente, em resposta direta a estímulos externos e internos, como luz, sons e toque mecânico. Kolatan e Mac Donald estão explorando, em seus projetos conceituais, materiais como plásticos de rearranjo molecular pelo toque, vidro "inteligente" que responde às condições de luz e temperatura e fibra de vidro de cobertura antibactericida. Além disso, os novos materiais usados para compor a pele da arquitetura estão cada vez menos espessos, apresentando propriedades diferenciadas e produzindo efeitos sem precedentes. Por exemplo, as peças de titânio que revestem o exterior do Guggenheim, de Bilbao, que possuem a espessura de apenas 0,38 mm.

Novas peles começam a transformar não apenas as características de cor e transparência mas também suas formas, em resposta às influências do ambiente, como, por exemplo, a Aegis Hyposurface

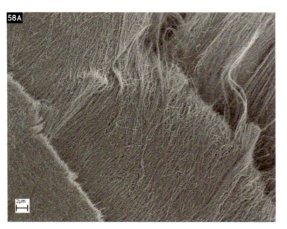

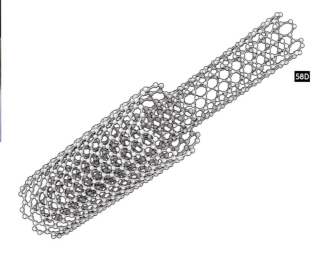

FIGURA 58. (A) e (B) Materiais feitos por vapor químico de deposição de microdiamantes (CVD); Futuras aplicações: máquinas precisas de corte, sensores eletroquímicos, eletrônica, óptica etc.; (C) Cristal bruto sintetizado; (D) Modelo digital de nanotubo duplo, representando a imagem microscópica de um nanotubo de carbono. Créditos: (A) Kristian Molhave; (B) Kugel; (C) Matthias Schreck; (D) Ilustração: Estudio Guto Requena.

FIGURA 59. Detalhe da vista exterior do Museu Guggenheim, 1991-1997, Frank Gehry. Bilbao, Espanha. Crédito: Philip Maiwald.

– DECOI, projeto de 2001 de Mark Goulthorpe, que consiste em uma superfície metálica facetada, deformável através de uma membrana composta por milhares de peças triangulares. A parede pode mudar sua forma em resposta a estímulos eletrônicos resultantes do movimento, som e luz do ambiente, ou através de parâmetros gerados por computador. Ela se movimenta graças a um aparato mecânico que consiste em diversos pistões controlados digitalmente, sensores e atuadores pneumáticos, que permitem criar uma resposta espacial em tempo real. Aegis Hyposurface integra o que alguns teóricos chamam de comportamento "inteligente", e talvez seja um marco do início dessa materialidade, moldável e flexível, com princípios de inteligência artificial, configurando redes neurais dentro do espaço e incorporando sistemas complexos em projeto.

Termos como *inteligente*, *esperto* e *adaptativo*, entre outros, são empregados atualmente para descrever novos materiais que incorporam sensores, atuadores e controladores, e que são capazes de gerar algum tipo de resposta ao input dado. O desenvolvimento dessas novas possibilidades materiais parece buscar o encontro com a espacialidade híbrida, abrigando as instâncias concreta e virtual, resultando em espaços que agregam novos valores simbólicos, permitidos graças à ressignificação da percepção espacial pelo homem. Ambientes capazes de interagir a estímulos das mais diversas naturezas, respondendo a tais inputs e gerando interações diversas entre usuário e ambiente.

O desenvolvimento de materiais e tecnologias do século XXI vai redefinir radicalmente a relação entre arquitetura e materialidade. A arquitetura do futuro, em sua concepção e produção, vai responder dinamicamente a lógicas internas e influências externas do ambiente. Os prédios parecerão ter vida própria, gerando comportamentos em tempo real, interativos e com princípios de inteligência artificial. As possibilidades só tendem a aumentar e certamente devem enriquecer o vocabulário técnico

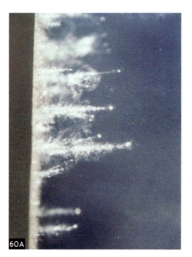  

FIGURA 60. Sólido superleve: o aerogel foi desenvolvido nos anos 1930, mas até poucos anos atrás tinha aplicação somente no espaço. (A) Imagem microscópica de partículas do aerogel; (B) As propriedades do aerogel protegem a flor da chama do fogo; (C) Um bloco de aerogel de apenas 2 g pode suportar uma peça de concreto contendo 2,5 kg. (MAU, LEONARD, 2004, p. 142) Cortesia da NASA/JPL-Caltech – NASA Stardust Website.

O CURRÍCULO
DOS ARQUITETOS

dos designers que estimularem o desenvolvimento dessas pesquisas, abrigando novas possibilidades espaciais e consequentemente ambientes que explorem mais o sensorial e a cognição de seus usuários. Ainda vemos poucos casos de desenvolvimento desses materiais no Brasil, mas, certamente, iniciativas deverão continuar surgindo conforme mais arquitetos, engenheiros e outros profissionais forem estimulando tais iniciativas. Aqui me restringi a fazer uma breve apresentação deste assunto, no entanto este tópico revelou-se de extrema importância na minha pesquisa e poderia ser explorado mais profundamente por outros estudos, incluindo a análise e localização dos núcleos que trabalham atualmente com o desenvolvimento desses chamados transmateriais no Brasil.

"Teriam esses arquitetos, produtores da arquitetura híbrida, alguma semelhança entre si com relação à sua formação e referências?" Quando me fiz essa pergunta, percebi que analisar o currículo desses profissionais traria dados importantes para a minha pesquisa. Assim, iniciei um processo de coleta e análise dos currículos, requeridos por meio das entrevistas e e-mails, ou obtidos em seus sites.

Após analisar cerca de trinta currículos, algumas questões se destacaram e me ajudaram a perceber algumas posturas comuns a esses designers. Por exemplo, a grande maioria participa ativamente da área acadêmica, sendo que muitos deles integram o corpo docente de universidades ou têm alguma relação com as escolas, algumas vezes produzindo registros escritos sobre os resultados de seu trabalho, participando de palestras e *workshops* em universidades de diferentes países e em diferentes níveis, desenvolvendo pesquisas.

Cerca de 90% dos CVs analisados revelaram ainda que esses designers possuem uma formação nitidamente multidisciplinar. Muitos exibem títulos acadêmicos em nível de pós-graduação, obtidos, em vários casos, em outros departamentos que os de arquitetura e urbanismo, como os de filosofia, engenharias,

física, artes plásticas, história, artes visuais, design e ciências da computação. Essa formação multidisciplinar reflete-se com sucesso em seus projetos, que muitas vezes extrapolam o desenho do edifício para tangenciar outros campos, como design de mobiliário, cinema, moda, arte, design gráfico e design de interfaces. Em quase todos eles, as tecnologias digitais exercem um papel fundamental, estimulando experimentações, hibridismos e assimilações entre essas áreas diversas.

Um exemplo para ilustrar esses aspectos é o arquiteto Greg Lynn (nascido em 1964). Ele se graduou em Filosofia e em Desenho de Ambiente (*Environmental Design*), ambos na Miami University of Ohio, no ano de 1986. Em seguida, completou o master em Arquitetura, na Princeton University, em 1988. Trabalhou no escritório do arquiteto Peter Eisenman e em 1994 fundou seu próprio escritório, o GLform, atualmente em funcionamento em Venice, Califórnia. Lynn é professor nas Universidades de Yale, em Nova Iorque, e na UCLA, em Los Angeles. Ele divide seu tempo entre as atividades acadêmicas, comumente participando de palestras e seminários em diversos países, e a prática de seu escritório, desenvolvendo projetos nas mais variadas escalas. Criou edifícios de grande porte, residências, design de produtos e instalações de arte, além de concursos internacionais. O designer escreve artigos em revistas e já publicou diversos livros. Em entrevista, o arquiteto me disse que normalmente trabalha com profissionais vindos de áreas diversas e também de localidades geográficas diferentes, de acordo com as exigências de cada projeto. Quando questionado sobre a interdisciplinaridade de seu escritório, Lynn complementa que regularmente colabora com designers de animação gráfica, pintores, escultores, designers industriais, roteiristas, cineastas e músicos.

Lynn e outros arquitetos que estudei destacam em seus currículos o fato de terem morado em diferentes lugares no mundo, o que certamente "enfatiza sua abertura para diferentes culturas e seu interesse que busca, de certa forma, reconstruir a noção de lugar geográfico e, se quisermos, de territórios nacionais" (TRAMONTANO; REQUENA, 2006). Outro exemplo para ilustrar essa coleta pode ser o CV do holandês Ben van Berkel, do UN Studio:

Ben van Berkel nasceu em Utrecht, em 1957. Estudou arquitetura na Rietveld Academy, em Amsterdam e na Architectural Association, em Londres). Em 1988, estabeleceu o escritório em Amsterdã, com Caroline Bos. Além de construtor, Ben van Berkel tem muitas

atividades no campo teórico. Como professor visitante, trabalhou na Columbia University (NY) e, como visitante crítico, na Harvard University. Em 1997 foi nomeado Membro Honorário do Bund Deutscher Architekten (BDA). Entre 1996 e 1999, foi professor na área de urbanismo na Architectural Association, em Londres. Em 2000, Ben van Berkel e Caroline Bos continuaram ensinando na Princeton University, em Princeton. Em 1998, Ben van Berkel e Caroline Bos estabeleceram uma nova firma, adicionando: Van Berkel & Bos Architectuurbureau: UN Studio. UN Studio é uma rede de especialistas em arquitetura, urbanismo e infraestrutura. Colaboram arquitetos, designers gráficos e construtores civis, consultores de construção, companhias de serviços, fotógrafos, estilistas de moda e designers de novas mídias.

Percebi também nessa análise de currículos que a quase totalidade dos arquitetos participa periodicamente de concursos internacionais, tornando essa prática, possivelmente, um momento importante para conceituação e experimentações projetuais e, em muitos casos, é também graças a esses concursos que os arquitetos vêm seus nomes conhecidos internacionalmente. Outro dado que notei é a participação de profissionais advindos de outros

campos disciplinares, colaborando com as equipes de projetos, como engenheiros, designers, artistas plásticos, engenheiros de computação, músicos e até cineastas, como no caso do citado UN Studio, com os arquitetos ingleses do FOA e os portugueses do S'A Arquitectos, por exemplo. Em sua entrevista, o arquiteto Eduardo Arroyo, chefe do No.mad, na Espanha, revelou que seu trabalho absorve arte, literatura, cinema, música, além de ciência, física e genética.

A análise desses currículos refletiu a postura multidisciplinar dos arquitetos, abertos a receber colaborações advindas de outros campos ao da arquitetura, dialogando com variadas espécies de informações, vindas dos mais diversos campos do conhecimento e capacitando tais designers a expandir sua atividade de projetar em diferentes escalas, nos ambientes concreto e virtual e, em alguns casos, idealizando espacialidades híbridas. São arquitetos com um conhecimento múltiplo e uma vivência global facilitada pelo constante deslocamento, físico e virtual, tão característico de nossa era. Profissionais que reverenciam em seus produtos questões típicas da chamada cibercultura.

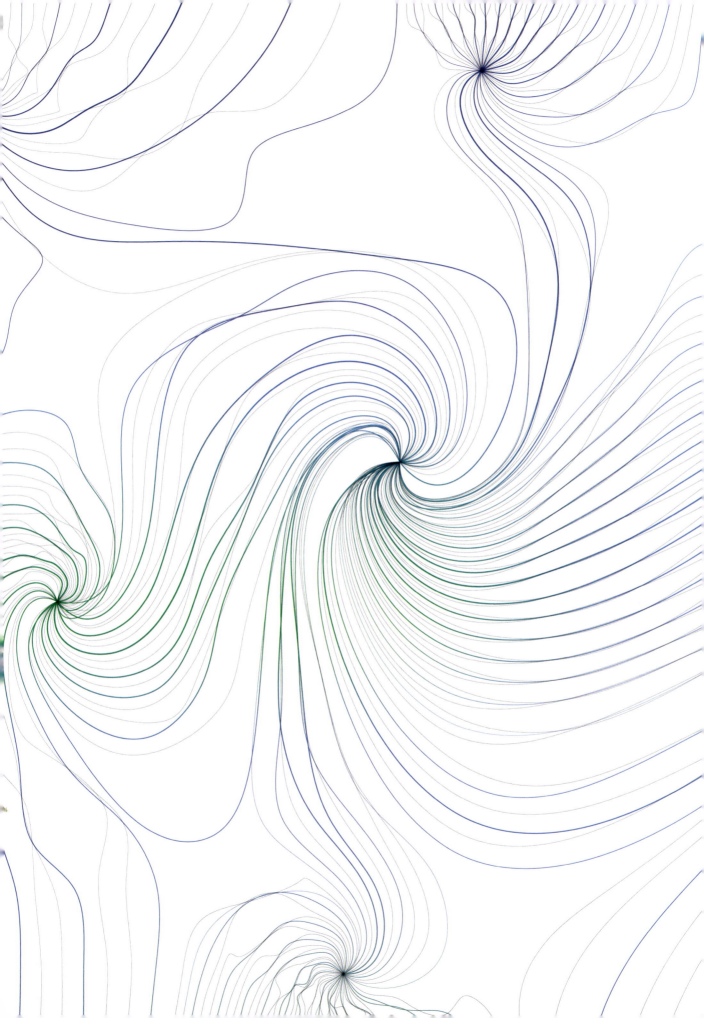

Após analisar as etapas de concepção e de produção da arquitetura, impactadas com as novas tecnologias digitais, neste capítulo apresento minha investigação sobre os usos do espaço. Entender a influência das tecnologias de informação e comunicação (TICs) com o edifício finalizado e mapear características espaciais dessa produção foi um exercício que exigiu a leitura dos projetos que selecionei, incluindo plantas, vídeos, maquetes digitais e desenhos técnicos, bem como o suporte dos textos escritos por alguns desses arquitetos e teóricos. No desafio de reconhecer nessa recente produção de arquitetura híbrida características para o habitar contemporâneo, espero neste capítulo esboçar alguns caminhos para o morar na era digital. Não pretendo aqui prever o futuro, mas apontar possibilidades a partir dos eixos que mais se destacaram no meu estudo. Espero contribuir com a reflexão sobre

O "HABITAR" NA ATUALIDADE, ONDE A MESCLA HOMENS E MÁQUINAS PARECE QUESTIONAR PROFUNDAMENTE NOSSO ENTENDIMENTO SOBRE O QUE É REALIDADE.

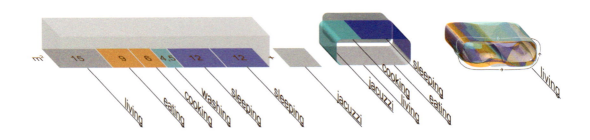

module plan 1:50

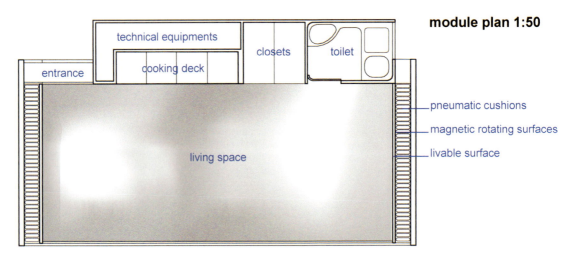

front

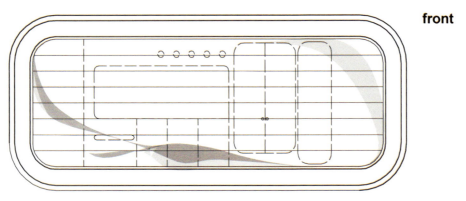

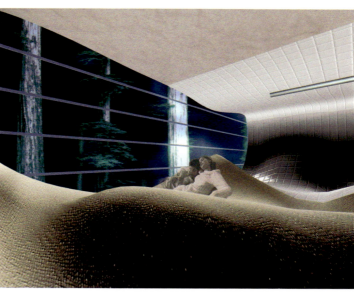

FIGURA 61. h-Ouse, 2001, ma0/emmeazero studio d'architettura, Cortesia de ma0 studio d'architettura.

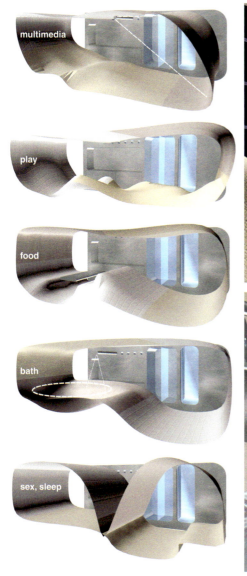
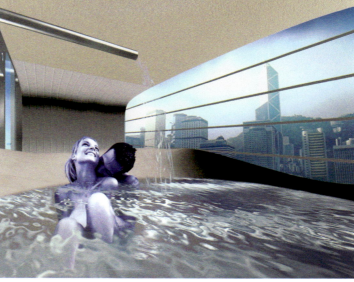

SOBRE A CONFIGURAÇÃO DO ESPAÇO

Uma nova noção de tempo e espaço elásticos, complexos e rizomáticos resulta da malha digital tecida pela rede do ciberespaço e instiga criadores inquietos a reformular nosso entendimento sobre os espaços. Os novos paradigmas que cercam o conceito de hipertexto são uma fonte inspiradora. Diferentes configurações espaciais e resultados projetuais convivem em propostas de habitação nesse momento de diversidade e aprendizado trazido pelas tecnologias digitais.

Presenciamos um momento de deslumbramento técnico e formal na arquitetura. Quando minha análise se voltou para o desenho dos interiores domésticos, como já mencionei, percebi uma grande diversidade de propostas, algumas privilegiando a interatividade, outras a flexibilidade e muitas que apenas reproduziam o modelo tradicional da casa, como veremos a seguir.

Oitocentismos

Grande parte dos projetos residenciais traz a configuração tradicional interna do modelo oitocentista, com seus espaços tripartidos, estanques e compartimentados. Nesses casos, me parece que a preocupação dos arquitetos se concentrou nas questões da representação digital e de cunho técnico-construtivas. Muitas vezes o projeto parece inovador em um primeiro olhar, com uma estética tecnológica, paramétrica e uma apresentação gráfica extremamente elaborada. Certas propostas fazem uso de materiais construtivos experimentais ou então, como já descrevi anteriormente, baseiam sua forma externa em uma geometria generativa, não cartesiana, criando uma espécie de maquiagem "cyber" ao modelo tradicional da habitação. Mesmo assim, nesses casos eles têm seu mérito, por estimularem o desenvolvimento de técnicas computacionais pioneiras na história da representação, animação e cálculos, além de, em alguns casos, inovarem propondo novos métodos construtivos e estruturais. Certamente, por criarem soluções construtivas alternativas, eles tiveram o potencial de influenciar e de estimular a produção de espacialidades inovadoras por outros arquitetos.

Novo oitocentismo?

Em outro grupo de residências que estudei, que também reproduzem a divisão do modelo convencional, encontrei casos com estratégias que as diferenciam na proposta do arranjo interno. Algumas delas, por exemplo, incorporam questões sobre a flexibilidade espacial, utilizando mobiliário ou divisórias móveis, ou, ainda, partes construtivas reconfiguráveis. Outras investigam possibilidades de novas interfaces computacionais, conferindo um resultado espacial inovador ao transformar, por exemplo, uma divisória tradicional em uma grande superfície comunicante, capaz de reproduzir imagens e vídeos, tornando-a uma janela de acesso ao ciberespaço.

Ainda neste grupo, que chamo aqui de "novo oitocentismo", encontrei projetos que experimentam uma espacialidade que mescla uma modelagem experimental junto às características do modelo convencional, trazendo à tona, por exemplo, questões de topologia, como na Torus House (Fig. 37). Esse projeto apresenta uma configuração interna convencional, compartimentada e tripartida em social-íntimo-serviço, porém, com uma área "social" que plasticamente resulta de técnicas de modelação baseada em superfícies

FIGURA 62. Access House, 2001, Joel Sanders. Cortesia de Joel Sanders.

matemáticas. Tal morfologia de espaço questiona os limites entre piso, teto e parede, revelando, nas dobras resultantes da modelação, uma apropriação de design de mobiliário, pisos não regulares e nichos que abrigam outras funções e equipamentos, conferindo a esse interior sensações que o diferencia do espaço ortogonal.

Nesses projetos, a noção de flexibilidade se vê ampliada graças às soluções espaciais inovadoras que possibilitam um rearranjo do interior. Assim, a possibilidade de reconfiguração interna não se amarra à tripartição do espaço, mas sim à capacidade do espaço em permitir o livre deslocamento de partes desse habitar, como mobiliários, divisórias ou equipamentos.

FIGURA 63. Digital House, 1998, Hariri & Hariri. Cortesia de Hariri & Hariri Architecture D.P.C.

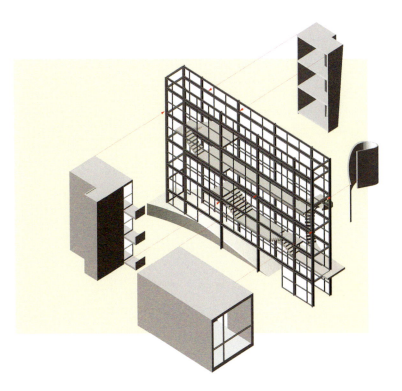

Outras espacialidades

Enquanto um grupo reproduz espacialmente o modelo convencional da habitação, um outro grupo de projetos experimenta possibilidades diferentes de configuração interna, como alternativa ao modelo oitocentista. Alguns deles são mais exploratórios e experimentais, nos quais a funcionalidade parece não ser o foco e, outros, verificam conceitos e exploram novas ideias. Dentro deste grupo com outras configurações, dividi os projetos entre espaços únicos e áreas variáveis.

ESPAÇOS ÚNICOS

Trata-se dos projetos que se organizam a partir de um espaço único e sem divisórias, preenchido por equipamentos e mobiliários que qualificam as atividades deste espaço. Na Maison Canif (Casa Canivete), por exemplo, os arquitetos ingleses do Softroom fazem uma referência explícita aos arquitetos do anos 1970, citando o Archizoom[1] e o Superstudio[2], e seus princípios de flexibilidade e reconfiguração do espaço.

---

1 Archizoom: "Grupo italiano de arquitetura e design formado em 1966 por Andréa Branzi, Gilberto Corretti, Paolo Deganello e Massimo Morozzi e posteriormente com Dario Bartolini e Lucia Bartolini em 1968. O grupo funcionava em Florença e foram inicialmente influenciados pelas visões utópicas do grupo inglês Archigram. Numerosos projetos e artigos refletiam a pesquisa do grupo por uma nova e alta flexibilidade e tecnologia em uma aproximação com urbanismo, e no fim dos anos 1960, exposições e design de produto começaram a formar uma parte significativa de seu trabalho. O grupo se separou em 1974 e seus membros seguiram carreiras separadas". Disponível em: http://www.medienkunstnetz.de/artist/archizoom/biography. Acesso em: 19 fev. 2019. Tradução do autor.
2 Superstudio: "Fundado em 1966 por Adolfo Natalini e Cristiano Toraldo di Francia, aos quais se juntaram Alessandro e Roberto Magris e Piero Frassinelli, com base na Itália, em Florença. O grupo era formado por jovens arquitetos com idéias radicais que criticavam as doutrinas modernistas do design através de foto-colagens, filmes e exposições. Com seu "anti-design" o grupo, também influenciado pelo inglês Archigram, questionava a influência das tecnologias na arquitetura e chegou a trabalhar com os arquitetos do Archizoom. O grupo se desfez em 1978 e seus membros seguiram suas carreiras individuais como arquitetos, professores ou escritores". Disponível em: http://www.designmuseum.org/design/superstudio. Acesso em: 10 maio 2007. Tradução do autor.

Segundo o Softroom, neste projeto as funções primárias se agrupam em torno de quatro eixos: social, comer, lavar-se e dormir. Dessa forma, eles introduziram dentro de um espaço único uma espécie de canivete gigante que abriga todos os equipamentos da casa, como a cama, o sofá, o vaso sanitário, a estocagem e a geladeira, dando suporte a atividades como dormir, trabalhar e cozinhar.

No projeto Paraloop, dos espanhóis do Actar Arquitectura, os arquitetos incorporam a ideia de uma faixa que se desdobra pelo espaço, e que pode ser adaptada espacialmente para cada cliente a partir de uma investigação sobre modos de vida e necessidades do futuro proprietário. Assim, cada parte da faixa privilegiaria uma atividade, como dançar, relaxar ou estudar, variando sua área ao gosto do cliente.

Já no projeto Sliding Block Hotel, o Softroom propõe um espaço reorganizável a partir de inúmeras combinações possíveis geradas com o deslocamento dos pisos, com base no princípio do cubo mágico de Rubick. Os arquitetos australianos do Crowd Production, no projeto Hyperhouse, e as arquitetas do Hariri & Hariri, em seu Loft of the Future, propõem também um espaço único que se qualifica a partir da localização dos equipamentos e do mobiliário, que

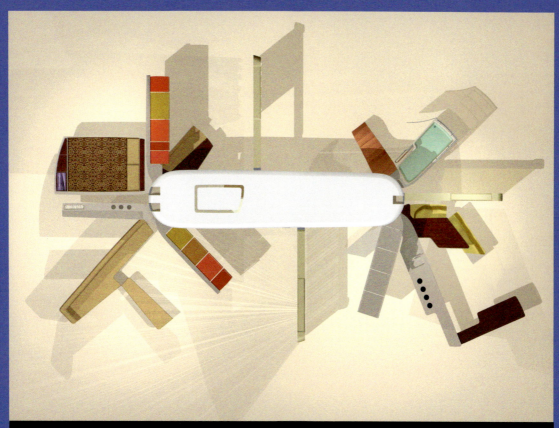

FIGURA 64. Maison Canif, 1997, Softroom.
Projeto elaborado para a Wallpaper Magazine.

podem deslizar constantemente por todo esse espaço, por meio de sistemas de trilhos e rodízios. É importante ressaltar que essa ideia de reorganização espacial baseada na movimentação de paredes, equipamentos ou mobiliário não é algo novo, mas remonta a inúmeras experiências realizadas durante o período do modernismo, como as experiências em habitação popular na Europa pós-guerra ou os espaços com planta livre e paredes reconfiguráveis, em projetos realizados pelo arquiteto Rino Levi, no Brasil.

Esses projetos com espaço único exemplificam uma forma de organizar a habitação baseada nas atividades que acontecem nela, e não em suas funções apenas. Tais projetos parecem buscar espaços mais fluídos, sem divisórias fixas, aniquilando compartimentos estanques e a noção tradicional de cômodos, como quarto, sala e cozinha. Assim, uma bancada culinária contendo, por exemplo, fogão, pia e geladeira poderia deslizar pelo espaço e plugar-se em um ponto da habitação, qualificando, naquela situação, aquele espaço como uma "cozinha". Outro exemplo pode ser uma superfície macia deslizante que apoia atividades como dormir, ler ou namorar, em qualquer ponto do espaço, como na Naked House, de Shigeru Ban,

casa que pode inclusive deslocar-se para fora, levando tais atividades para o exterior. Esses projetos caracterizam-se por preverem equipamentos que dão suporte às múltiplas atividades realizadas nos diferentes cotidianos domésticos familiares. Mas muitas dessas ideias não são novas, e algumas remontam a experiências que datam de pelo menos 50 anos. A questão exploratória nesses projetos se verifica principalmente na maneira como as TICs se adicionam ao espaço, permitindo em alguns casos a constante reconfiguração dos ambientes, de maneira informatizada.

Outro ponto que vale destacar é que há, em algumas dessas residências, um raciocínio de projeto que se baseia na integração do espaço arquitetônico com o desenho de mobiliário, incluindo diferentes escalas, de forma integrada. Alguns arquitetos não pensam a habitação apenas como um grande espaço vazio, preenchido por equipamentos comprados individualmente. Ao contrário, eles se preocupam com o desenho da habitação de forma única e completa, incluindo indissociavelmente o desenho do mobiliário ao desenho do espaço, como no TurnON_Urban Sushi, por exemplo. Mais uma vez, fica explícita a importância de uma formação acadêmica que privilegie tanto as múltiplas

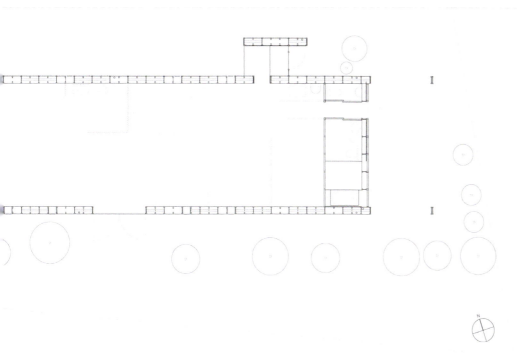

FIGURA 65. Naked House, 2000, Shigeru Ban Architects. Tóquio, Japão. Desenhos: Shigeru Ban Architects. Fotos: Hiroyuki Hirai.

escalas da arquitetura como a interdisciplinaridade, aproximando ainda mais áreas como design de objeto e engenharia de produção e de materiais à arquitetura.

Após analisar esses projetos, me parece muito mais coerente e instigante aqueles arquitetos que projetam a casa a partir das atividades domésticas abrigadas em seu interior, conforme as necessidades específicas de cada família, em uma espécie de sistema recombinante e aberto, capaz de receber múltiplas atividades cotidianas. Cozinhar, trabalhar, lavar-se, cuidar das roupas, brincar com os filhos, namorar, dormir, acessar o ciberespaço: projetar a partir das atividades, para tais arquitetos, resulta em novas configurações do habitar, contrário ao espaço tradicionalmente funcional, projetado a partir de cômodos compartimentados, como sala, quartos, banheiros e lavanderia.

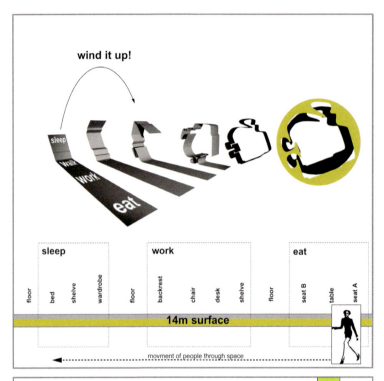

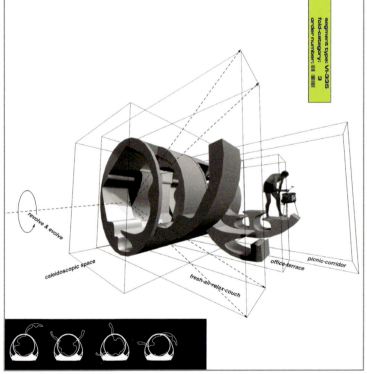

FIGURA 66. TurnON_Urban Sushi, 2000, AWG – AllesWirdGut. Fotos: Michael Dürr. Ilustrações: AllesWirdGut.

Áreas variáveis

Entre os projetos que experimentam espacialidades inovadoras, encontrei alguns que possuem suas áreas variáveis e que incorporam sistemas construtivos que expandem ou retraem o volume da habitação, por exemplo, com a adição de elementos, variação do perímetro ou flexibilidade das vedações.

O TurnON_Urban Sushi, dos austríacos do AWG, e o NUC – Nomad Use Camaleonic, do português Carlos Santana, incorporam uma ideia de módulos que abrigam diferentes atividades, permitindo ao proprietário acoplar quantos módulos quiser, de acordo com a sua necessidade, possibilitando diversas configurações espaciais. O Turn_ON incorpora a ideia de uma faixa que se enrola formando um cilindro giratório, como uma "casa de hamster", abrigando diferentes atividades em seu interior graças a esse sistema. Segundo os arquitetos, o morador poderia comprar quantos cilindros forem necessários para compor sua residência, de acordo com as atividades que busca realizar em seu interior.

É também neste grupo de projetos com áreas variáveis que encontrei casos que se estruturam a partir de um sistema construtivo que abandona completamente o conceito pilar-viga, idealizando uma estrutura nova, não estática e que pode incorporar nas vedações externas a flexibilidade proposta para o interior. Como já apresentado no capítulo 2, nesse sistema o objeto arquitetônico é completamente maleável, possibilitando transformações formais em edifícios, que podem se expandir ou retrair, gerando diferentes espacialidades.

O projeto E-motive House (Fig. 67), de Kas Oosterhuis, consiste em um estudo para habitação e mobiliário programáveis, incorporando o que o arquiteto chama de "realidade estendida". A casa é composta por um grande espaço com dois núcleos rígidos nas extremidades, onde se localizam banheiro e cozinha, únicas partes fixas da

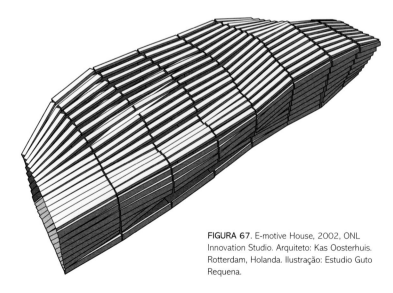

FIGURA 67. E-motive House, 2002, ONL Innovation Studio. Arquiteto: Kas Oosterhuis. Rotterdam, Holanda. Ilustração: Estudio Guto Requena.

habitação. Todo o espaço central utiliza como vedação feixes pneumáticos, cilindros hidráulicos e contratores musculares, que podem inflar ou diminuir, resultando em um espaço que muda constantemente de forma. Segundo o arquiteto, o movimento dos usuários e as transformações no clima servem como inputs registrados por diversos sensores espalhados pela casa, que seriam traduzidos pelos computadores, resultando em transformações desse espaço. Para Oosterhuis, a partir desse princípio, os habitantes e os atuadores da casa devem desenvolver uma linguagem comum, privilegiando uma relação de interatividade entre eles. A E-motive House faz parte dos estudos desenvolvidos no *Hyperbody*, em Delf, na Holanda, que consistem em uma série de experiências sobre respostas emocionais de ambientes arquitetônicos programáveis.

Outro exemplo neste grupo de projetos com áreas variáveis pode ser o estudo proposto pelos arquitetos italianos do ma0/emmeazero, intitulado h-Ouse (Fig. 61), que consiste em uma faixa programável que, com suas características de maleabilidade, pode gerar diferentes formas e configurações espaciais. Neste projeto é possível criar-se, a partir de dobras na superfície do chão, uma mesa para refeições ou, por meio de irregularidades topológicas,

em diferentes alturas, superfícies que sirvam como apoio para sentar, ou então, a partir de uma dobra no teto, gerar-se um espaço de maior intimidade para seus ocupantes.

O projeto Embryological House, do arquiteto Greg Lynn, também se encaixa nesses exemplos, pelas características de sua vedação externa, compostas por lâminas flexíveis que podem se expandir ou retrair, permitindo aberturas como portas e janelas em qualquer lugar desse envelope, gerando assim um interior completamente reconfigurável e lúdico. (Fig. 40)

Para o filósofo Pierre Lévy (1999), as instituições territoriais são hierárquicas e rígidas; já as práticas dos internautas tendem a privilegiar modos transversais de relação e fluidez das estruturas. Tais projetos abrem uma vasta gama de rearranjos espaciais, graças às possibilidades informatizadas de deslocamento de equipamentos e vedações, capacitando os espaços a gerar inúmeras situações diferentes dentro da mesma casa, tornando os espaços reconfiguráveis e privilegiando o poder de escolha e interação, conforme as situações cotidianas exigidas por seus moradores, privilegiando tais modos transversais e fluidos citados por Lévy aos usuários cada vez mais íntimos do ciberespaço. Tudo indica que a configuração dos espaços caminha para soluções como essas.

Codesign

A partir da década de 1950, dois grandes temas parecem fomentar inúmeras discussões e inspiram artistas da arte tecnológica. O primeiro trata do papel do observador, que se torna interagente, e em alguns casos possível colaborador nos rumos da obra. O segundo trata do conceito de obra aberta e colaborativa, onde a atenção pode se voltar mais ao processo que ao produto finalizado (COUCHOT, 2003, p. 103). Sobre esta participação do observador, Lévy (1999, p. 136) descreve que "não se trata apenas de uma participação na construção do sentido, mas sim uma coprodução da obra, já que o 'espectador' é chamado a intervir diretamente na atualização [...] de uma sequência de signos ou de acontecimentos".

Os *media* artistas defensores da participação buscam desenvolver mecanismos de retroação entre obra e espectador, e compartilham com este uma responsabilidade crescente no ato de criação. Cada vez mais íntimo das telas e das possibilidades de produção de conteúdo na rede, esse observador já não se contenta mais em perceber a obra a distância, ele quer interagir, comandá-la pelo gesto, pela voz ou pelo olhar.

As novas tecnologias de comunicação e informação, na fusão das telecomunicações analógicas com a informática, possibilitaram a veiculação de diversas formatações de mensagens sob um mesmo suporte: bits. Assistimos à passagem das mídias de massa, como a TV, o rádio e a imprensa, para formas individualizadas de produção, difusão e estoque da informação, em um sistema que privilegia a bidirecionalidade e a multiplicidade. Nesse sentido, como define Lemos (2004, p. 79), o modelo um-todos das mídias tradicionais opõe-se ao modelo todos-todos das mídias digitais, que privilegia uma forma descentralizada e universal de circulação de informações em tempo real.

ESTE É O AMBIENTE EM QUE SE ENCONTRA IMERSO UM HOMEM QUE, COMO VIMOS, NÃO SE CONTENTA MAIS EM SER MERO OBSERVADOR. ELE QUER INTERAGIR COM O MUNDO, E ISSO NÃO EXCLUI SEU AMBIENTE DOMÉSTICO. O DESEJO INATO DE TOCAR, TRANSFORMAR, SENTIR E ADAPTAR A PORÇÃO DE MUNDO À SUA VOLTA ASSUME OUTRA DIMENSÃO, QUANDO MEDIADO PELAS TECNOLOGIAS DIGITAIS.

Esse é o estímulo que protagoniza nossa era, ao contrário dos meios de comunicação de massa, nos quais a mensagem é produzida por poucos e recebida por muitos, em um sistema fechado de informação e conhecido caminho de mão única entre emissor e receptor. Assim, a partir do modelo preconizado pela cultura digital, o arquiteto, ao conceber um ambiente, "não mais antecipa atividades possíveis nos espaços que desenha, mas lida com o conceito de entropia, como proposto por Wiener (1968), em que o sistema se torna auto-organizativo" (TRAMONTANO; REQUENA, 2006).

O uso da expressão "coautor", muito encontrada em definições da arte numérica, talvez confira demasiada importância à relação obra/espectador, já que estabelece um nivelamento de papéis entre o autor, em seu sentido original – aquele que cria e concebe –, e esse "usuário" da obra. Se, por um lado, o interagente pode, sim, estabelecer novos rumos e criar novas associações, de forma muitas vezes imprevistas pelo criador, por outro, é impossível dizer que este seja um mérito equivalente a todo o processo complexo em que o artista se envolveu para fundamentar e desenvolver a obra.

Essa problemática abordada pelos *media* artistas se transpõe atual e igualmente para a arquitetura.

Projetos de habitação em que a pesquisa sobre interatividade visa criar ambientes nos quais o homem não seja apenas um observador põem em questão a própria definição de usuário. Um termo mais adequado para nomear essa relação espaço-usuário, utilizado pelo arquiteto Kas Oosterhuis, poderia ser codesign. O morador dos espaços interativos propostos nos projetos analisados aqui pode se tornar codesigner, já que ele pode redesenhar novas soluções criativas de uso e ocupação dos espaços.

As TICs são usadas nesses projetos privilegiando um grau de interação do usuário com a habitação de uma forma que agrega valores e relações inovadoras que estão muito além do uso imaginado pelos produtores de automação residencial atualmente. Segundo alguns arquitetos analisados, ao contrário do que muitos profissionais propõem hoje, a casa não vai abrigar apenas equipamentos que privilegiam o deslocamento mínimo do morador, como no caso de interfaces por voz, mas sim uma interação promotora de uma nova prática de vivenciar os ambientes, que permita transformações espaciais e estímulos sensoriais instigantes, que capacite a residência a tornar-se toda ela uma grande interface de informação e comunicação, e que traga o devido suporte para que seus moradores exercitem as diferentes atividades em seu interior. Uma nova forma de experimentar a domesticidade, graças aos usos das TICs, passa a fazer parte do repertório de conceitos experimentais de tais arquitetos, e alguns deles revelam uma instância de design colaborativo, onde computador, arquiteto e morador relacionam-se, em algum nível, durante o processo arquitetônico.

As pesquisas em habitação contemporânea parecem caminhar para soluções espaciais que privilegiam o projeto multifuncional, aberto e colaborativo, no qual o morador torna-se nitidamente codesigner, alterando constantemente sua casa, conforme as necessidades exigidas em seu cotidiano. E como define o arquiteto Kas Oosterhuis em sua entrevista, caberá aos designers do futuro incorporar tais preceitos em sua produção, definindo como e de que maneira se dará a participação do morador na criação desses espaços, formulando um metadesign em que o próprio processo de criação será aberto a essa colaboração:

Em um futuro próximo acredito que os usuários / os clientes dos edifícios se tornarão codesigners no processo de criação. Eles se tornarão participantes tanto quanto os outros profissionais no "jogo" do design. Mas o designer mais forte ainda pode definir as regras do jogo. Os outros jogadores mudaram os parâmetros e daí por diante afetaram o resultado do jogo da criação, mas eles não desenvolvem as regras do jogo. O próximo passo depois desse (daqui a mais dez anos) será que as regras do jogo também vão se tornar o assunto do processo de criação, e todos os jogadores vão poder propor e autorizar mudanças nas regras do jogo em tempo real. Tudo depende do cálculo da velocidade e da influência popular da interatividade e complexidade das ferramentas do design que devem ser desenvolvidas pelos próprios designers. Somente os designers que criam as ferramentas poderão ajustar o horário para o próximo design e acertar as peças para uma democracia direta no processo de design (OOSTERHUIS, 2005).

Os termos flexibilidade e interação encontram, assim, um uso ainda mais expressivo na concepção de casas em que não apenas se deslocam paredes ou peças de mobiliário, como se explorou desde o modernismo, mas que compreendem uma capacidade de adaptabilidade e a participação ativa do morador na sua configuração inicial e cotidiana, com o uso de novas tecnologias e interfaces computacionais. Para André Parente (1999), a máxima interação se dá justamente quando o usuário tende a ser uma espécie de codesigner da obra, chamada por ele de "interatividade forte". O usuário desses espaços estará familiarizado com a customização dos ambientes, intervindo em toda a organização espacial graças à mediação tecnológica, intervindo em instâncias até então exclusivas dos arquitetos, seja no processo de concepção espacial, graças às modelações digitais, seja no uso e na escolha dos materiais, ou na previsão de custos de execução, possibilitados pelos novos programas. Como definiu Kerckhove (2003), a sociedade de rede está mudando para uma cultura de usuário e interagente, e esses princípios migrarão rapidamente para a realidade doméstica.

O MORADOR SERÁ CODESIGNER DO RESULTADO ESPACIAL, DO PRODUTO, E NÃO DO PROJETO, JÁ QUE ESTE É CONSTITUÍDO JUSTAMENTE PELA DEFINIÇÃO DOS PROTOCOLOS (PELO ARQUITETO) COM OS QUAIS O MORADOR VAI DIALOGAR.

Couchot (2003, p. 304) aborda esse conceito de colaboração destacando os ganhos sensoriais dos interagentes nessas obras: "A participação do espectador transforma-o em autor cujas capacidades imaginativas e criativas podem se revelar de uma complexidade e de uma riqueza admiráveis, sem lhe interditar a contemplação nem a meditação". Esse espaço residencial reconfigurável, com comportamento em tempo real (*real time behavior*) graças às novas tecnologias, desperta um sensorial que privilegia o lúdico, o criativo, abrigando novas relações de convívio, tornando o ambiente doméstico um verdadeiro laboratório para experimentações criativas. Conforme afirma Oosterhuis (2003, p. 5):

COMPONENTES DE CASAS SÃO POTENCIAIS EMISSORES E RECEPTORES DE INFORMAÇÃO EM TEMPO REAL, INTERCAMBIANDO DADOS, PROCESSANDO DADOS RECEBIDOS E PROPONDO NOVAS CONFIGURAÇÕES COMO RESULTADO DO PROCESSO. PESSOAS COMUNICAM. CASAS COMUNICAM. AS PESSOAS SE COMUNICAM COM AS CASAS. OS COMPONENTES DE CASAS COMUNICAM-SE COM OUTROS COMPONENTES DE CASAS. TODOS FAZEM PARTE DO MESMO ENXAME, SÃO MEMBROS DE UMA MESMA COLMEIA. VOCÊ PRECISA ENCARAR ISSO, AS CASAS ESTÃO SUJEITAS À REVOLUÇÃO DIGITAL, E VOCÊ PRECISA TRABALHAR COM ISSO. O ARQUITETO INOVADOR NÃO TEME AS NOVAS TECNOLOGIAS, MAS JOGA COM O POTENCIAL INÉDITO DAS NOVAS MÍDIAS INVADINDO O AMBIENTE DE CONCEPÇÃO DA ARQUITETURA. O ARQUITETO INOVADOR NATURALMENTE INVESTIGA E PRATICA ARQUITETURA EM UM ESPAÇO EM TEMPO REAL DE TROCA, UM PROCESSO EM TEMPO REAL.[3]

---

3 Essa citação é uma tradução livre do seguinte trecho: "Building components are potential senders and receivers of information in real-time, exchanging data, processing incoming data, and proposing new configurations as the outcome of the process. People communicate. Buildings communicate. People communicate with people. People communicate with buildings. Buildings communicate with buildings. Building components communicate with other building components. All are members of the swarm, members of the hive. You must face it, buildings are subject to the digital revolution, and you must work with it. The innovative architect is not afraid of new technologies, but plays with the unheard of potential of the new media invading the built environment. The innovative architect naturally investigates and practices architecture as a real-time transaction space, as a process in realtime". OOSTERHUIS, K. Hyperbodies: Towards an E-motive Architecture. Basel: Birkhäuser, 2003.

Outra relação entre as esferas pública e privada

A hibridação espaço, tempo e corpo, tão característica de nossa era digital, resulta em um espaço igualmente híbrido, feito de lugares interconectados a fluxos de informações que permeiam instâncias públicas e privadas, borrando suas fronteiras, dificilmente classificáveis segundo as definições tradicionais de público/privado. Em tempos de cibercultura e comunicação em massa, inúmeros aspectos da esfera pública permeiam espaços privados e vice-versa, de maneira que as TICs têm alterado profundamente nosso entendimento sobre essa questão. Diversas situações do cotidiano definem esses novos limites, por exemplo, quando um indivíduo, em um local público, utilizando o telefone celular, discute em voz alta com sua esposa assuntos restritos à vida privada, o que até bem pouco tempo aconteceria apenas em sua residência. A esse respeito, Tramontano (2003, p. 116) comenta: "A noção de privacidade parece revestir-se de uma proteção virtual supostamente conferida pela mídia, ao prescindir, paradoxalmente, das vedações concretas do espaço arquitetônico".

Como vimos, com o desenvolvimento do ciberespaço o homem pôde participar de agrupamentos cujos membros podem viver em cidades e ter culturas e línguas diferentes. Comumente chamados de comunidades, tais associações formadas a partir da internet nos mostram que as TICs podem atuar estimulando o compartilhamento de ideias, sentimentos e inclusive de laços comunitários. Lemos (2004, p. 120) afirma que a cibercultura redefine nossa prática do espaço e do tempo, particularmente no que se refere ao "novo nomadismo tecnológico" e às fronteiras entre o espaço público e o espaço privado. Para esse autor, o espaço privado se imbrica no espaço público e vice-versa, uma "verdadeira publicização do privado e de privatização do público". O tempo real da comunicação instantânea e o espaço físico comprimido e diluído na fronteira eletrônica do ciberespaço, como nos mostra Lemos, "criam uma contradição entre o imobilismo da casa e o nomadismo proporcionado pelas novas tecnologias."

Encontrei na minha análise casos de habitações propostas para se deslocarem espacialmente pelo espaço urbano, algumas vezes propondo se apropriarem de áreas abandonadas, públicas ou privadas. Esse é o caso da Portable House, dos arquitetos franceses Phillippe Grégoire & Claire Petetin, que, como eles definem (MIGAYROU; GENIK, 2001), trata-se de uma "roupa de habitar" que se desloca pela cidade, opondo-se à sua tradicional malha ortogonal, retomando a antiga tradição de Berlim dos Rolmeirs, que se movimentavam em caravanas, apropriando-se de espaços abandonados.

Também encontrei questões importantes sobre a relação entre a esfera pública e a privada em projetos que estruturam sua superfície de maneira não convencional, permitindo leituras inovadoras sobre essas instâncias. Por exemplo, a Personal Bilboard, projeto do arquiteto franco--português Didier Fiúza Faustino, que, através de uma tela gigante voltada para o exterior, envia para a cidade imagens do interior doméstico e de seus moradores, captadas a partir de web-câmeras espalhadas pela residência.

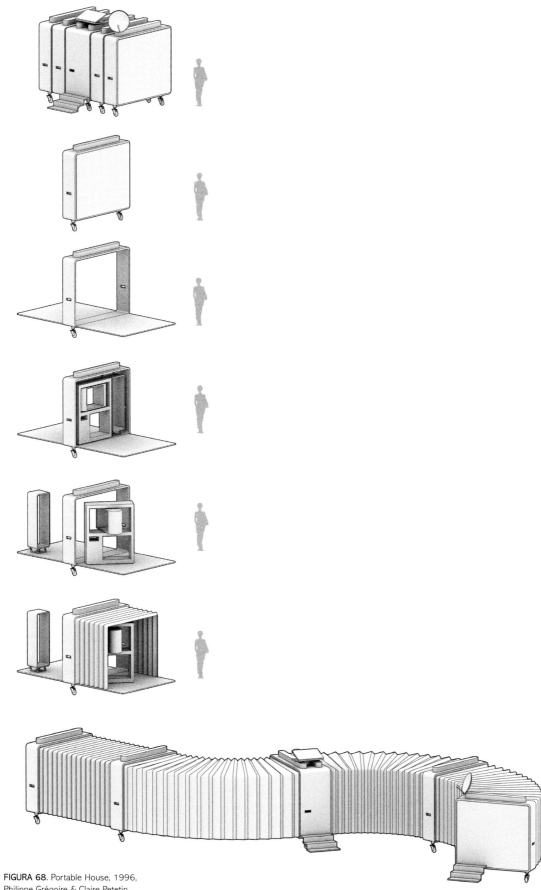

FIGURA 68. Portable House, 1996,
Philippe Grégoire & Claire Petetin.
Ilustrações: Estudio Guto Requena.

Esse projeto faz referência direta ao *voyerismo* dos *reality shows*, tão popular na era da informação, que transforma a vida em entretenimento rentável e transforma-nos em banco de dados ambulantes graças à presença de inúmeras câmeras de sistemas de vigilância em nosso cotidiano. Para a pesquisadora Fabiana Faleiros (2006):

(...) VIVEMOS A SOCIEDADE DE CONTROLE ANTEVISTA POR DELEUZE, QUE VEM SUBSTITUIR A SOCIEDADE DISCIPLINAR DOS SÉCULOS XVIII E XIX PENSADA POR FOUCAULT (...) AO MESMO TEMPO EM QUE ESSA SUPEREXPOSIÇÃO COM FINS DE SEGURANÇA GERA MEDO DE TER A PRIVACIDADE INVADIDA E DADOS PESSOAIS DISPONIBILIZADOS PARA A CULTURA DO CONSUMO, CRIA TAMBÉM A SATISFAÇÃO DA AUTOEXPRESSÃO, DA POSSIBILIDADE DE SER ACESSÍVEL PARA O MUNDO, E TER A OPINIÃO COLOCADA EM PÚBLICO. É O QUE TENTAM FAZER OS *REALITY SHOWS* QUE UTILIZAM UMA SUPOSTA "INTERATIVIDADE".

FIGURA 69. Personal Billboard, 1999, Didier Fiúza Faustino. Cortesia de Didier Fiúza Faustino.

Para o escritor Neal Gabler (1999), uma das principais características do século XX é a transformação da própria vida em uma forma de entretenimento, de maneira que a realidade acabou sendo dominada pela lógica narrativa difundida pelo cinema e pela televisão, a tal ponto que hoje vivemos em uma "pós-realidade", na qual é cada vez menos possível se distinguir com clareza realidade e ficção.

O autor cunhou o termo *lifies*, que seria uma fusão entre *life* e *movies*, ou seja, vida e filme, "inseridos no veículo da vida, projetados na tela da vida e exibidos pela mídia tradicional, cada vez mais dependente no veículo vida". O autor nos lembra de episódios da vida transformados em entretenimento e lucro, como o julgamento-show do ex-astro do futebol americano O. J. Simpson, a vida e a morte da princesa Diana, as peripécias amorosas de Elizabeth Taylor e as aventuras extraconjugais do ex-presidente americano Bill Clinton – "são esses os novos sucessos de bilheteria que ocupam as mídias tradicionais e dominam as conversas nacionais por semanas" (GABLER, 1999, p. 13).

COMPARAR A VIDA A UM FILME NÃO É DIZER, COMO QUER O CLICHÊ, QUE A VIDA IMITA A ARTE, SE BEM QUE EXISTA UM FUNDO DE VERDADE NISSO. NEM É DIZER QUE A VIDA INVENTOU OS PRÓPRIOS MÉTODOS ARTÍSTICOS E QUE COM ISSO INVERTEU O PROCESSO – A ARTE IMITA A VIDA -, AINDA QUE ISSO TAMBÉM SEJA VERDADE, COMO SE PODE VER PELOS INÚMEROS ROMANCES, FILMES E PROGRAMAS DE TELEVISÃO INSPIRADOS EM ACONTECIMENTOS DA VIDA REAL. O QUE SE ESTÁ QUERENDO DIZER É QUE, DEPOIS DE DÉCADAS DE ARTIMANHAS POR PARTE DAS RELAÇÕES-PÚBLICAS E DE EXAGEROS PROMOCIONAIS DA MÍDIA, E DEPOIS DE MAIS OUTRAS TANTAS DÉCADAS DE CONSTANTE MARTELAÇÃO POR PARTE DAS INÚMERAS FORÇAS SOCIAIS QUE NOS ALERTARAM, A CADA UM DE NÓS, PESSOALMENTE, PARA O PODER DA PERFORMANCE, A VIDA VIROU ARTE, DE TAL FORMA QUE AS DUAS SÃO AGORA INDISTINTAS UMA DA OUTRA. (GABLER, 1999, P. 12)

As redes sociais permitiram que nos tornemos editores dos nossos próprios *reality shows*, editando nossa vida para compartilhar apenas trechos de destaque, rompendo novas barreiras entre o público e o privado. A internet se mostra um meio propício aos "artistas da vida" e exibicionistas que convertem seu cotidiano em entretenimento, colocando-se do outro lado do vidro, como diria Gabler. A nova política da privacidade põe em prática os limites embotados, senão desfeitos, entre público e privado, entre vida e entretenimento, real e imaginário, regendo aspectos importantes a serem considerados pela arquitetura.

SOBRE O USO DO ESPAÇO

O espaço doméstico, como vimos, tornou-se um local preenchido por computadores e interfaces diversas de acesso ao ciberespaço, onde usuários podem trabalhar, comunicar-se e entreter-se. Nossas casas estão mudando, e tudo indica que os canais de informação não estarão mais no espaço, mas todo o espaço deve se tornar um imenso canal interativo, em uma espécie de reviravolta topológica. No entanto, poucos arquitetos parecem refletir sobre como e de que forma essas interfaces de acesso ao mundo virtual preenchem e transformam nosso meio físico.

Projetos regrados pelos preceitos oitocentistas e que incorporam a automação residencial como promessa de "casa do futuro", ou "casa inteligente", tão comuns no mercado imobiliário das grandes metrópoles, são característicos do nosso momento e integram o estágio inicial desses novos espaços híbridos. As questões referentes ao ciberespaço parecem primeiramente manifestar-se em uma linguagem espacial ainda preenchida por equipamentos automatizadores, para que, em um próximo estágio, conceptores de espaço potencializem seus usos e não os restrinjam a meros gadgets.

Alguns arquitetos procuram esse estágio seguinte e se destacam do conjunto por lançarem novas propostas de interfaces. Eles mostram interesse e muitas vezes contato estreito com estudos de grandes centros tecnológicos que pesquisam outras possibilidades de acesso à rede. A atual interface, conhecida por um monitor bidimensional, teclado e mouse, é incrivelmente pobre e limitada, e certamente em poucos anos essa tecnologia estará completamente obsoleta.

Tais pesquisas estão direcionadas para a criação de interfaces mais intuitivas, amigáveis e facilitadoras da interação, caminhando para a miniaturização das tecnologias e o desenvolvimento da nanotecnologia, motivando o surgimento da computação ubíqua (*ubiquitous computing* ou ubicomp). Esse termo foi primeiramente usado por Mark Weiser (1991), no artigo "The computer of the 21st century", em que o autor afirma que os computadores deverão cercar-nos por todo o ambiente. Novos tipos de sistemas computacionais estão sendo criados na computação ubíqua de maneira invisível no nosso cotidiano doméstico. Outra área de pesquisa que vem causando grande impacto em nossa relação com as máquinas é a chamada computação emotiva (*emotive computing* ou *affective computing*), e se refere aos estudos de sistemas computacionais potencialmente capazes de lidar com aspectos da emoção. Segundo o Affective Computing Group, do MIT,[4] essa é a área da computação que se relaciona, estimula ou deliberadamente influencia a emoção ou qualquer outro fenômeno afetivo. Segundo o grupo, a pesquisa em computação afetiva combina engenharia e ciência da computação com psicologia, ciência cognitiva, neurociência, sociologia, educação, psicofisiologia, design e ética, entre outras áreas do conhecimento. Para Rosalind Picard (1998), fundadora e diretora do Affective Computing Group, computação afetiva é qualquer sistema artificial (hardware ou software) que faça uso ou provoque algum tipo de influência nas emoções humanas e que trabalhe com aspectos da equação razão-emoção na criação de sistemas artificiais que proporcionem um incremento de qualidades afetivas das interações computacionais entre homem e máquina.

---

4 "Affective Computing is computing that relates to, arises from, or deliberately influences emotion or other affective phenomena. Emotion is fundamental to human experience, influencing cognition, perception, and everyday tasks such as learning, communication, and even rational decision-making. However, technologists have largely ignored emotion and created an often frustrating experience for people, in part because affect has been misunderstood and hard to measure. Our research develops new technologies and theories that advance basic understanding of affect and its role in human experience. We aim to restore a proper balance between emotion and cognition in the design of technologies for addressing human needs." Affective Computing Group – MIT. Disponível em: http://affect.media.mit.edu. Acesso em: 15 fev. 2019.

FIGURA 70. AIBO, 2018, Sony. O cachorro robô é um sucesso de vendas. Foi desenvolvido com o propósito de diminuir a solidão de pessoas que vivem sós. Fazemos parte da primeira geração de humanos que desenvolveu sentimentos por máquinas. Cortesia da Sony.

Para a pesquisadora Flávia Amadeu (2006, p. 36), da Universidade de Brasília, a palavra *affective* se relaciona tanto ao verbo *to affect*, que se refere ao verbo afetar, influenciar, quanto às palavras *affecting*, causar uma forte emoção, e ainda *affection*, afeto, amor, afeição. A autora completa:

A COMPUTAÇÃO AFETIVA É UMA TENTATIVA DE TORNAR OS COMPUTADORES MAIS PRÓXIMOS DE OBJETOS SENSÍVEIS COM A HABILIDADE DE CAPTAR, EXPRESSAR E LIDAR COM AS EMOÇÕES HUMANAS INTELIGENTEMENTE; É UMA BUSCA PARA O ESTABELECIMENTO DE UMA RELAÇÃO NATURAL E ÁGIL ENTRE SERES HUMANOS E MÁQUINAS, PROCURANDO TORNÁ-LAS PRATICAMENTE IMPERCEPTÍVEL COMO APARATO COMPUTACIONAL, INTEGRANDO-AS AO AMBIENTE E AO CORPO. (AMADEU, 2006, P. 125)

O caminho da tecnologia parece ir ao encontro de uma aproximação com o corpo humano de modo mais orgânico, otimizando a comunicação homem-máquina, de forma a desenvolverem-se novas tecnologias sensíveis e inteligentes, dotadas da capacidade de reconhecer e expressar emoções. As atuais interfaces gráficas deverão ser incorporadas com sensibilidade, deixando de ser gráficas para ser sensíveis. Mouse, teclado, interruptores e controles remotos dão lugar a comandos por voz e ao reconhecimento de movimentos do corpo humano, como o eye tracking e o face recognition, por exemplo. Não nos relacionaremos mais com um computador por meio de uma interface gráfica bidimensional, mas através de um ambiente físico acrescido de TICs, fornecendo comandos de diferentes recursos de criação e informação.

Equipamentos e interfaces tradicionais serão suprimidos e darão lugar, por exemplo, a grandes superfícies exibidoras de imagens, possibilitando que os próprios painéis de vedação se transformem em interfaces de acesso ao ciberespaço. Nesses casos, os arquitetos se apropriam de materiais novos, como o AMLCD (Active Matrix Liquid Crystal Display), em desenvolvimento pela NASA, que consiste em uma tela de cristal líquido capaz de gerar imagens, ao mesmo tempo em que pode simplesmente constituir um painel com diferentes graus de transparência e cor. Mais que uma tela gigante, esse dispositivo pode assumir a função de divisor de espaços, interno e externo, permitindo, ainda, que se assista, por exemplo, a um filme, ou que se navegue pela internet, ou mesmo que se simulem diferentes texturas e padrões gráficos. (Fig. 63)

Os projetos que incorporam essas grandes superfícies interativas fazem parte de um grupo de experimentações que explora o conceito da casa como interface, ela própria como uma mediação em si, opondo-se ao espaço tradicional adicionado de equipamentos e gadgets e, sob esse aspecto, a habitação torna-se um espaço em constante comunicação com o mundo. Como vimos, se a comunicação conhece transformações tão profundas graças ao advento da internet, o espaço doméstico, na era digital, abriga também novos comportamentos, estando entre eles, certamente, uma necessidade renovada de diálogo com o exterior.

Realidades mescladas

A cibercultura assimilou as transformações da sociedade de consumo e da sociedade do espetáculo e agora está presente nas mais diversas esferas das nossas vidas, como nas artes, na medicina, na economia e na cultura. As tecnologias computacionais tornam-se onipresentes, de maneira que já não discernimos com clareza onde começam e onde terminam, espalhadas em nosso mundo físico, como automóveis, eletrodomésticos, cartões de banco ou celulares. A tecnologia numérica tende à miniaturização e se espalha pelo nosso cotidiano nas mais diversas escalas, integrando-se às nossas roupas e objetos pessoais, ao mobiliário, aos equipamentos e eletrodomésticos, e parece finalmente ter chegado às vedações, materiais e equipamentos construtivos da arquitetura.

Um espaço híbrido também é um espaço conectado e, dessa forma, constitui-se de uma rede que inclui tanto pessoas quanto tecnologias digitais que operam esses espaços físicos não contíguos. Essa é a situação que desencadeia o surgimento de um novo modelo de realidade, responsável por questionar nossa subjetividade, cognição e maneira como apreendemos nosso meio ambiente. A integração de espaços eletrônicos e físicos conectados em rede gera uma realidade híbrida que se torna nosso habitat. Para o autor Oliver Grau (2003), a realidade mesclada (mix realities) centraliza-se correntemente na conexão entre espaços reais, incluindo suas conformações em ação social e cultural, com processos imagéticos de ambientes virtuais.

Com uma visão mais tecnicista, a ciência da computação define o termo realidade misturada como "a sobreposição de objetos virtuais tridimensionais gerados por computador com o ambiente físico, mostrada ao usuário, com o apoio de algum dispositivo tecnológico, em tempo real" (KIRNER; TORI, 2004, p. 12). Com essa visão tecnológica, os engenheiros Cláudio Kirner e Romero Tori (2004), especialistas em realidade virtual e tecnologias interativas, completam: "A meta de um sistema de realidade misturada é criar um ambiente tão realista que faça com que o usuário não perceba a diferença entre os elementos virtuais e os reais participantes da cena, tratando-os como uma coisa só".

Esses projetos para a casa do futuro caminham para a construção de ambientes interativos que privilegiam os três pontos destacados por Adriana de Souza e Silva (2004), conectividade, mobilidade e sociabilidade, integrando as instâncias concretas e virtuais, em uma espacialidade que estimula o surgimento dessa chamada realidade híbrida. O desenvolvimento recente de pesquisas na área científica e tecnológica nos mostra também que todos os setores da nossa vida deverão, de alguma maneira, conectar-se e mesclar-se à chamada computação "pervasiva" (*pervasive computing*): o físico, o biológico, o humano e o artificial. Alguns desses projetos de habitação apontam caminhos que confirmam as teorias de que nossa realidade será composta de um espaço-tempo múltiplo e hiperconectado, híbrido de orgânico e maquínico, físico e digital. Para Couchot (2003, p. 177), a tecnociência informática dá nascimento a um imenso universo virtual, "que não cessa de se expandir e de se juntar indissociavelmente e organicamente aos outros níveis de realidades".

Espaços hipersensoriais

As ações e os gestos do corpo dialogam diretamente com o computador e são numerizados e integrados à informatização, já que as máquinas numéricas estão dotadas de sensores diversos que captam e registram outros tipos de informações, além daquelas provindas do teclado e do mouse, como o movimento do corpo ou comandos vocais.

O DIÁLOGO HOMEM/MÁQUINA TORNA-SE CADA VEZ MAIS MULTIMODAL E REDEFINE UMA NOVA HIERARQUIA SENSORIAL (...) UM ESTÁGIO SUPERIOR É ATINGIDO QUANDO A MÁQUINA ADQUIRE A CAPACIDADE DE INTERPRETAR E DE TRATAR CERTOS COMPORTAMENTOS E GOSTOS PARA FINS DIVERSOS, SEJAM COMERCIAIS OU CULTURAIS. OS PROGRAMAS QUE VOCÊ UTILIZA EM CASA OU NA REDE APRENDEM A CONHECER E A RECONHECER VOCÊ, E LEVAM EM CONTA CERTOS ASPECTOS DE SUA PERSONALIDADE. (COUCHOT, 2003, P. 12)

A transmissão e recepção de mensagens e expressões corporais devem participar crescentemente de uma comunicação que se quer mais completa e realista possível, abrindo novas possibilidades no diálogo homem-máquina, que não a linguagem exclusivamente escrita e falada e à limitada imagem bidimensional. O corpo é escaneado e interpretado enquanto sistema de processamento de informações, resultando ao mesmo tempo em matéria orgânica e dados. Nesses projetos em que o espaço reconhece o corpo humano, sua localização ou sua voz e as palavras veiculadas por ela não podem simplesmente ser tratadas como espaços informatizados apenas, mas como um tipo de inteligência que tornam esses espaços, de alguma forma, mais próximos do seu morador. Podemos esperar que as interfaces fiquem cada vez mais inteligentes, tornando o diálogo com as novas tecnologias mais natural.

Sob esse aspecto, podemos falar em "espaços hipersensoriais", capazes de reconhecer sob diferentes aspectos os hábitos de seus ocupantes, as vontades do morador e diversas outras possibilidades previamente programadas. Essa é uma situação cada vez mais próxima e que permeia as diferentes instâncias do cotidiano na sociedade da informação. Certamente essa realidade deverá ter um impacto sem precedentes na história em nossos hábitos domésticos e em nossas casas.

Tais espaços hipersensoriais devem adicionar outras instâncias comportamentais a essa nova realidade híbrida, estimulando a apreensão sensorial humana reconstruída e desenvolvendo novas capacidades cognitivas a partir dessas interfaces homem-captores. O corpo e a subjetividade humana estão sob interrogação em diversos debates, projetos e reflexões que relacionam TICs e comportamentos; se o sujeito que transita em mundos virtuais tem, por definição, uma condição corpórea, o que torna toda interação humano-ambientes virtuais uma realidade híbrida. O modo multidirecional de troca de informações, tão característico da era digital, coloca em questão a natureza de sua subjetividade, como nos mostra Santaella (2003). Se esse homem não está mais situado em um espaço e um tempo estáveis e fixos, a partir dos quais calcula seus pensamentos e vê seu corpo lido e interpretado de diversas maneiras, ele então multiplica-se, dispersa-se e constantemente reidentifica-se. Além de estimular esse novo sensorial humano, podemos dizer também que tais espaços abrem outras possibilidades nas relações de interatividade e certamente instigam novas propostas para a experiência.

Outra importante questão colocada a partir desses ambientes preenchidos pelas TICs é a privacidade, já comentada anteriormente aqui. Se pensarmos no constante monitoramento das nossas atividades por meio de câmeras e sensores diversos, podemos imaginar uma profunda transformação no entendimento do estatuto privado e da privacidade. A internet possibilitou a liberdade de expressão de forma a ser difundida para todo o planeta sem depender da mídia de massa, permitindo que todos interajam de maneira irrestrita a todo momento. No entanto, essa mesma situação carrega problemas que podem vir com o "policiamento global", já que em nosso tempo uma proporção significativa da vida cotidiana, inclusive o trabalho, o lazer e a interação pessoal tem seu lugar garantido na net. Se grande parte da atividade econômica, social e política é de fato um híbrido de interação on-line e física e em muitos casos um não pode existir sem o outro, viver dessa forma panóptica eletrônica implica termos nossas vidas permanentemente em monitoramento. Para Castells, o aspecto mais aterrorizante está

NA AUSÊNCIA DE REGRAS EXPLÍCITAS DE COMPORTAMENTO, DE PREVISIBILIDADE DAS CONSEQUÊNCIAS DE NOSSO COMPORTAMENTO EXPOSTO, SEGUNDO OS CONTEXTOS DE INTERPRETAÇÃO, E DE ACORDO COM OS CRITÉRIOS USADOS PARA JULGAR NOSSO COMPORTAMENTO POR UMA VARIEDADE DE ATORES ATRÁS DA TELA DE NOSSA CASA DE VIDRO. NÃO É O BIG BROTHER, MAS UMA MULTIDÃO DE IRMÃZINHAS, AGÊNCIAS DE VIGILÂNCIA E PROCESSAMENTO DE INFORMAÇÃO QUE REGISTRAM NOSSO COMPORTAMENTO PARA SEMPRE, ENQUANTO BANCOS DE DADOS NOS RODEIAM AO LONGO DE TODA NOSSA VIDA. (CASTELLS, 2003, P. 149)

O panóptico eletrônico iniciou-se com o amplo desenvolvimento do que Castells chama de "tecnologias do controle", que emergiram dos interesses entrelaçados do comércio e dos governos. Há diversas tecnologias de identificação, de vigilância e de investigação, de maneira que, no atual ambiente tecnológico, toda a informação digitalmente transmitida é gravada, podendo vir a ser processada, identificada e combinada para análises. "Essa vigilância poderia afetar diretamente nossas vidas, em condições vigentes de Estados autoritários". Se imaginarmos tais espaços, sejam eles residenciais ou não, fazendo a constante leitura das nossas ações, dentro de um sistema de vigilância e controle, não poderemos fazer o que nos agrada e talvez não tenhamos liberdade e nenhum lugar para nos esconder. Como completa Castells: "Ninguém jamais foi capaz de viver numa sociedade transparente".

Nesses projetos hipersensoriais e conectados ao ciberespaço, o lar aglutina informações de todas as espécies e transforma-se em um depositório de hábitos e preferências de seus moradores, tornando-se um riquíssimo banco de dados certamente disputado por um mercado esfomeado. Controlar a entrada e saída dessas informações já é um problema comum hoje em dia, onde a informação tem seu valor transformado em lucros para a economia da era pós-digital.

INTERAÇÃO

A interatividade é um termo utilizado exaustivamente na atualidade e tornou-se uma palavra esvaziada de conceito, utilizada repetidas vezes no mundo dos meios eletrônicos, principalmente para aumentar o apelo comercial. Diversos objetos são vendidos como interativos, desde geladeiras e fornos micro-ondas até carros e celulares. Nosso cotidiano vê-se permeado por redes digitais de informação, como games eletrônicos, celulares e redes sociais, que aproximam a noção de interatividade diretamente às TICs. Nesse contexto, relacionamo-nos com o mundo à nossa volta de maneira diferente da tradicional interação analógica. Essa qualidade de interação ligada aos meios eletrônicos e ao surgimento direto do ciberespaço afeta radicalmente a relação entre o sujeito e o objeto. Para André Lemos (2004, p. 115), na interatividade mecânico-analógica, os objetos reagem de forma passiva, "como por exemplo a maçaneta de uma porta", caracterizando uma interação assimétrica. Já os novos objetos eletrônicos-digitais, para ele, interagem de forma ativa, em uma relação de "interação simétrica e em um diálogo constante entre agentes". Assim, o objeto físico transforma-se em um *objeto-quase-sujeito*, uma espécie de *interlocutor virtual*.

Todos os dias, a todo momento, nós experimentamos diversas formas de interação, tanto técnicas quanto sociais. Nossa relação com o mundo é em si uma relação interativa, de forma que nossas ações correspondem a diversas retroações, alimentando toda a nossa vida em sociedade. Para Lemos (2004), a interatividade digital é um tipo de relação tecno-social, de maneira que um equipamento ou um programa pode ser classificado como interativo quando o usuário puder modificar seu comportamento. O autor nos mostra que a interatividade, seja ela analógica ou digital, baseia-se em uma ordem mental, simbólica e imaginária, que estrutura nossa relação com o mundo. Para ele, o imaginário alimenta a nossa relação com a técnica e emprega a própria forma de concepção das interfaces e da interatividade.

A tecnologia digital possibilita hoje ao usuário interagir não mais apenas com o objeto, como também com a informação, isto é, com o conteúdo, e este é um ponto fundamental para se perceber as transformações na relação sujeito-objeto trazidas com as novas tecnologias. Como define Nardelli (2007), "a partir da acepção morfológica da própria palavra, a interação pode ser entendida como a relação resultante da existência de um canal comum que permite a atuação de um interator sobre o outro e vice-versa". O termo refere-se não apenas às ações que compõem um sistema, mas às ligações que envolvem essas ações por meio de um canal comum. Assim, para um sistema ser interativo, ele deve ser resultado da liberdade mútua da ação dos interatores, ainda que essas ações possam assumir formatos diferentes.

Cabe-nos lembrar que toda residência é, em sua natureza, interativa, já que abriga diversas possibilidades de transformações físicas e simbólicas pelo morador. Físicas, no sentido de movimentar objetos, móveis, controlar iluminação e alterar cores dos ambientes, por exemplo. Simbólicas, no sentido de alterações psicológicas que cabem nas diversas relações que ligam nossas atividades cotidianas aos espaços de morar, como trabalhar, namorar, cuidar da higiene, comer e dormir, por exemplo. Além dessas possibilidades tradicionais de interação do ambiente doméstico, poderíamos adicionar inúmeras outras com o surgimento desses espaços híbridos. Se imaginarmos nosso espaço doméstico preenchido por objetos eletrônicos-digitais que privilegiam essa interação simétrica, teremos um ambiente potencialmente interativo.

Para Mulder (2004), a interação com objetos eletrônicos cria novas experiências ao usuário, afetando inclusive seu comportamento em outras situações do cotidiano. Tais objetos tecnológicos podem frequentemente construir mediações, estimulando e modificando as ações do indivíduo por meio do fomento de novas experiências, construindo assim uma parte considerável do que compõe o indivíduo. Nesses espaços híbridos e hipersensoriais propostos pelos arquitetos que estudei, onde o morador torna-se codesigner, podemos concluir a existência de um altíssimo nível de interatividade simétrica, trazido fundamentalmente pelo acréscimo das TICs, tornando tais espaços um verdadeiro laboratório sensorial provedor de experiências imagináveis justamente graças ao uso da tecnologia numérica.

Verificamos a construção de ambientes interativos em que nosso cotidiano crescentemente permeia-se de materiais sensíveis a estímulos elétricos, *chips* e computadores das mais diversas naturezas, estendendo-se a nossas roupas, carros, objetos, ambiente de trabalho e nossos lares. Para Castells (2003, p. 194), a casa conectada é necessária para o manejo da diversidade de tarefas e *experiências* que provavelmente terão lugar nela: "O lar, contudo, torna-se multidimensional, e precisa apoiar uma diversidade de experiências, funções e projetos para uma família cujos membros têm crescente diversidade de interesses". A interatividade, nesses projetos advindos dos novos meios computacionais, é uma questão de primeira ordem, como pudemos verificar no discurso de diversos arquitetos estudados.

POR UMA NOVA SENSORIALIDADE: A METÁFORA DO CIBORGUE

Como vimos, com a introdução dos microcomputadores pessoais (PCs) e portáteis no ambiente doméstico, nas décadas de 1980 e 1990, da internet, nos anos 2000 e com a grande popularização dos telefones celulares a partir da década de 2010, os antigos espectadores configuram-se agora como produtores de conteúdo, mudando assim a relação receptiva de sentido único, tão presente no televisor, para o modo interativo e bidirecional que é exigido pelo computador. Aprendemos a interagir com o universo digital, a partir de uma série de novas interfaces. Passamos a conviver com hábitos mais autônomos de discriminação e escolhas próprias, o que fundamentalmente nos tornou produtores, editores, diretores, compositores, montadores e difusores de nossos próprios conteúdos. O processo de criação parece ter se democratizado.

Para o pensador Derrick de Kerckhove (2003, p. 18), o homem está tão íntimo das telas que estabelece uma relação quase biotecnológica com tais mídias, afetando as suas "estratégias conscientes e inconscientes de processamento de informações". Segundo ele, as mídias funcionam como interface entre a linguagem, o corpo e o mundo, e algumas delas trabalham como "indústrias da consciência", comercializando "não somente nossa atenção, mas também o conteúdo de nossos pensamentos e desejos".

A revolução digital, trazida com a cibercultura, trouxe novas tendências comportamentais ao indivíduo e à sociedade, e nos permite desfrutar de uma outra cognição e subjetividade. Como afirmou Pierre Lévy (1999, p. 157), o ciberespaço suporta tecnologias intelectuais que amplificam, exteriorizam e modificam numerosas funções cognitivas humanas: "memória (banco de dados, hiperdocumentos, arquivos digitais de todos os tipos), imaginação (simulações), percepção (sensores digitais, telepresença, realidades virtuais), raciocínios (inteligência artificial, modelização de fenômenos complexos)". A passagem das técnicas analógicas às numéricas é acompanhada por uma sucessão de rupturas radicais que afetam diretamente nossa percepção do espaço e do tempo.

Para o pensador canadense Marshall McLuhan (1964), as mídias modificam nossa visão do mundo. O teórico mostrou como a imprensa transformou o mundo da cultura oral da mesma forma que a eletricidade modificou aquela que ele chama de "mídia do individualismo e do racionalismo", evidenciando como essas modificações se refletem em nossa experiência e percepção do mundo.

Na análise que Lemos (2004, p. 69) faz das teorias de McLuhan (1964), ele destaca:

SE A INVENÇÃO DE GUTENBERG ENCORAJOU O QUE ELE CHAMA DE NARCOSE DOS SENTIDOS, QUER DIZER, A EXACERBAÇÃO DE SÓ UMA SENSAÇÃO (A VISÃO PARA A ESCRITA E A IMPRENSA), AS NOVAS MÍDIAS ESTARIAM FAVORECENDO A TACTILIDADE, O RETORNO À ORALIDADE E À SIMULTANEIDADE.

Se as tecnologias são prolongamentos do nosso corpo, próteses de nossos sentidos, os media são extensões do nosso sistema nervoso central, definiu McLuhan (2005). Para Couchot (2003), as novas condições de acesso à informação oferecidas pela interatividade numérica privilegiam um visual enriquecido e fortemente sinestésico, em detrimento de um visual sequencial, linear e essencialmente retiniano. O sensorial é solicitado cada vez mais através das diversas modalidades da percepção, tendendo a encontrar uma certa reunificação, segundo esse autor, em uma espécie de nova matriz de percepção.

Nossa sociedade convive com máquinas que emitem informações das mais diversas espécies (auditivas, hápticas, proprioceptivas), solicitando uma grande parte do nosso sensorial, de forma que o nosso corpo se vê ampliado por novas possibilidades de ação sobre a máquina além dessa nova matriz perceptiva. Inseridos nesse ambiente comunicacional, um outro perfil de usuário é definido, mais familiarizado com a tecnologia digital e mais apto a estabelecer um diálogo constante com as máquinas. Transitamos de uma cultura de sensibilidade de leitor, telespectador e espectador, para uma cultura de usuário e interagente. Este é um conceito-chave para os designers que se propõem a desenhar espaços, objetos e cidades.

"SOMOS TODOS CIBORGUES AGORA. ARQUITETOS E URBANISTAS DA ERA DIGITAL DEVEM COMEÇAR A REPENSAR O CORPO NO ESPAÇO (...). CADA VEZ MAIS ARQUITETURAS DO ESPAÇO FÍSICO E DO CIBERESPAÇO – ESPECIFICAMENTE DO CORPO SITUADO E DE SUAS EXTENSÕES ELETRÔNICAS FLUIDAS – SÃO SOBREPOSTOS, ENTRELAÇADOS E HIBRIDIZADOS DE FORMAS COMPLEXAS. AS UNIDADES CLÁSSICAS DO ESPAÇO E DA EXPERIÊNCIA ARQUITETÔNICA SE DESPEDAÇARAM - DO MESMO JEITO QUE AS UNIDADES DRAMÁTICAS SE FRAGMENTARAM NOS PALCOS HÁ MUITO TEMPO - E AGORA OS ARQUITETOS PRECISAM PROJETAR COM ESSA NOVA CONDIÇÃO". (MITCHELL, 1995, P. 125)

Para McLuhan (1964, p. 61), com o advento da tecnologia elétrica, o homem prolongou ou projetou para fora de si um modelo vivo de seu próprio sistema nervoso central. O autor comenta que qualquer invenção ou tecnologia é uma extensão ou "autoimputação de nosso corpo, e essa extensão exige novas relações e equilíbrios entre os demais órgãos e extensões do corpo". (MCLUHAN, 1964, p. 63). Nossa visão do que constitui o ser humano, como vimos, passa por profundas transformações, em um momento de convergência entre o orgânico e o tecnológico. O homem, nessa condição híbrida tão própria da era digital, ressignifica sua potencialidade sensorial, incluindo funções expandidas para fora do próprio organismo vivo, e passa a habitar virtualmente os mais diferentes locais. Seu habitar se expande e seu corpo mescla-se com o físico e com o virtual, incorporando diferentes próteses tecnológicas, redes neurais, vida artificial e robótica.

Nosso organismo, adicionado agora de inúmeras próteses, está capacitado a enxergar constelações distantes através dos olhos de sofisticados telescópios, ou partículas quânticas através dos microscópios. Drones se tornaram prolongamentos dos nossos braços e pernas e trazem novos pontos de vista para nossa percepção. Mergulhamos nas profundezas abissais do oceano, inimagináveis até bem pouco tempo, com o auxílio de câmeras e submarinos. Trabalhamos de modo nômade, operamos a distância e manipulamos tecnologias robóticas, também de forma não presencial. São as novas tecnologias provocando alterações em nosso corpo, desde aparelhos auditivos ou lentes corretivas para os olhos até próteses para a substituição de funções orgânicas, como órgãos artificiais, olho biônico, marca-passo, e implantes com biochip. O homem agora é capaz de mapear e clonar o próprio código genético, e nos parece que em pouco tempo muitas funções vitais poderão ser replicáveis maquinalmente, assim como máquinas vão adquirir qualidades vitais.

DE UM LADO, A MECANIZAÇÃO E A ELETRIFICAÇÃO DO HUMANO; DE OUTRO, A HUMANIZAÇÃO E A SUBJETIVAÇÃO DA MÁQUINA. É DA COMBINAÇÃO DESSES PROCESSOS QUE NASCE ESSA

CRIATURA PÓS-HUMANA A QUE CHAMAMOS "CIBORGUE". (SILVA, 2000, P. 14)

A expressão ciborgue trata desse momento de questionamento de nossa condição corpórea, hibridada com as TICs, expandida pelas possibilidades de habitares virtuais e, ao mesmo tempo, rodeada por tecnologias que caminham para interfaces simples e amigáveis. O termo deve ser analisado com cuidado, já que remete a uma carga simbólica advinda do imaginário fílmico de Hollywood, que o incorpora de forma fantástica. Ao contrário dos filmes *Robocop*, *Cyborg* ou *Exterminador do futuro*, o ciborgue reúne, em um único corpo, o orgânico e o mecânico, a cultura e a natureza, o masculino e o feminino, o simulacro e o original, a ficção científica e a realidade, conforme definido por Donna Haraway (2000), representando uma nova realidade sensorial e uma nova subjetividade. Engenharia genética, novas técnicas de reprodução, organismos transgênicos, melhoria genética de organismos, mapeamento do genoma e clonagem são alguns exemplos da nossa era de controle biológico, que torna o homem produto de uma prática híbrida entre natureza e técnica. Como consequência da miniaturização da tecnologia, do desenvolvimento da nanotecnologia, da manipulação

genética e da biotecnologia, presenciamos a integração entre o tecido orgânico e a máquina.

SEJAM QUAIS FOREM AS TECNOLOGIAS DA LINGUAGEM, APARELHO FONADOR, INSTRUMENTOS DE DESENHO, GRAVURA, APARELHOS DE FOTO, GRAVAÇÕES SONORAS, CINEMA, VÍDEO, HOLOGRAFIA, COMPUTADORES, REDES TELEMÁTICAS, SÃO TODAS ELAS PRÓTESES, SEMPRE COMPLEXAS, ALGUMAS MAIS, OUTRAS MENOS, QUE NÃO SÓ ESTENDEM E AMPLIFICAM OS CINCO SENTIDOS DE NOSSOS CORPOS, MAS TAMBÉM, ATRAVÉS DESSAS EXTENSÕES, PRODUZEM, REPRODUZEM E PROCESSAM SIGNOS QUE AUMENTAM A MEMÓRIA E A COGNIÇÃO DE NOSSOS CÉREBROS. PORQUE PRODUZEM SIGNOS, ESSAS PRÓTESES SÃO SIMBÓLICAS, OU MELHOR, SEMIÓTICAS, E NÃO SÓ ADEREM AO REAL DO NOSSO CORPO DE MODO MAIS OU MENOS VISÍVEL, COMO TAMBÉM SE INCORPORAM AO NOSSO IMAGINÁRIO TANTO NO NÍVEL INDIVIDUAL QUANTO NO DA ESPÉCIE. (SANTAELLA, 2003, P. 225)

Para Santaella (2003, p. 202) as novas tecnologias digitais passam a multiexternalizar a presença e o cérebro: "Trata-se do corpo plugado, onde um usuário se move no ciberespaço enquanto seu corpo físico apresenta-se conectado no computador, apresentando sempre algum nível de imersão". Os indivíduos cada vez mais se equipam e estão dotados de autonomia em relação aos espaços físicos, ao fazerem uso da rede. Da proliferação de zonas wireless em centros urbanos ao desenvolvimento de equipamentos que fazem convergir em um mesmo objeto portátil, novos comportamentos nos recordam que estamos diante de uma potencialização da comunicação a distância, associada à mobilidade e à acentuação das individualidades, até há pouco desconhecida.

O corpo humano está sob interrogação e as inquietações sobre uma nova antropomorfia estão no centro dos questionamentos sobre o que é ser humano nessas primeiras décadas do século XXI. Como mostra Santaella (2003, p. 185), o neologismo *cyborg* (*cib*-ernético mais *org*-anismo) foi criado por Manfred E. Clynes e Nathan S. Kline, em 1960, em meio às teorias de controle cibernético no programa espacial norte-americano. O termo foi apropriado e disseminado pela feminista, socialista e historiadora da biologia Donna Haraway, em 1985, no "Manifesto Ciborg", utilizado dentro de uma retórica estratégica e de um método político, declarando que as tecnologias biológicas e teleinformáticas estão, de fato, redesenhando nossos corpos, e estamos passando de uma sociedade industrial orgânica para um sistema de informação polimorfo.

Esse modo multidirecional de troca de informações, tão característico da era digital, coloca em questão a natureza da subjetividade humana, pois, como vimos, o sujeito não está mais situado em um espaço e em um tempo estável e fixo, a partir do qual calcula racionalmente seus pensamentos, mas sim multiplicado, dispersado e constantemente se re-identificando. Para Lemos (2004) estaríamos vivenciando uma "ciborguização da personalidade" no que se refere às possibilidades de os usuários assumirem diversas configurações de gênero, remetendo a personalidades híbridas, constantemente construídas e reconstruídas no ciberespaço.

ASSIM, SEM UM CORPO FÍSICO COMO RECEPTÁCULO DA CONSTRUÇÃO DA IDENTIDADE, O SUJEITO FICA LIVRE PARA JOGAR COM COMPORTAMENTOS E IDENTIDADES. O CIBERESPAÇO PRODUZ UMA NOVA FORMA DE SOCIABILIDADE, CRIANDO UM NOVO SENSO DE IDENTIDADE, AO MESMO TEMPO DESCENTRALIZADO E MÚLTIPLO. (LEMOS, 2004, P. 175)

FIGURA 71. Ovelha clonada Dolly.

Para Luisa Paraguai Donati (2005), doutora especialista na área de wearable computing (computadores vestíveis), essa possibilidade de presença mediada coloca inicialmente inúmeras reflexões sobre como "qualificar" e entender essas novas maneiras de atuar e de perceber o espaço e o nosso corpo, "diante da possibilidade de transformarem a compreensão do próprio processo de individuação do homem, enquanto ser vivo, ser humano e ser coletivo".

Para Lévy (1999) estamos passando por um salto antropológico que ele intitula de "revolução noolítica", em que as tecnologias de suporte digital favorecem o desenvolvimento de processos de inteligência coletiva, pois exteriorizam parte das operações coletivas, tornando-as, de certa forma, públicas e partilháveis. Sabemos que, a partir da própria história das mídias, a tendência é o barateamento dos equipamentos, tornando-os mais acessíveis às classes menos favorecidas economicamente. Sabemos também dos agravantes problemas em função de uma exclusão digital e da necessidade imediata de uma política de inclusão, para que as informações disponíveis na rede e as questões engendradas por essa "ciberrealidade" sejam desfrutadas por todos e capacite um número maior de agentes ativos

na produção de conteúdos no ciberespaço.

É no decorrer da ligação homem--computador que o mundo numérico, lógico e frio do digital, e o orgânico e psíquico das sensações e gestos, mundos até então absolutamente estrangeiros um ao outro, foram intimados a se entrecruzar através da porosa membrana das interfaces. Para Couchot, a associação homem-máquina:

(...) DESEMBOCA NUMA FUNÇÃO ÚNICA E COMPLEXA QUE NEM A MÁQUINA NEM O HOMEM PODEM CUMPRIR ISOLADAMENTE. ESTA CONCEPÇÃO DA TÉCNICA, TAMPOUCO ANGÉLICA QUANTO DIABÓLICA, RECOLOCA A MÁQUINA NO SEU DEVIDO LUGAR. NEM ESCRAVA NEM MESTRA, PROLONGAMENTO DE NOSSA HUMANIDADE, A MÁQUINA É NOSSA IGUAL. NOS ATRELAMOS A ELA COM A FINALIDADE DE DESEMPENHAR MAIS FACILMENTE CERTAS FUNÇÕES, OU AINDA PARA CRIAR OUTRAS QUE SERIAM IRREALIZÁVEIS DE OUTRA FORMA. (COUCHOT, 2003, P. 172)

Os artistas de vanguarda da nossa geração foram os primeiros a encarnar em sua produção os questionamentos trazidos por essa cultura ciborguizada. O artista australiano Stelarc, por exemplo, utiliza seu próprio corpo

como suporte para suas criações. Stelarc realiza suas performances utilizando robótica, sistemas de realidade virtual, interfaces com próteses e computadores, e afirma que o corpo humano se tornou obsoleto. Ele questiona estratégias pós-evolucionistas para reprojetar o corpo humano, que para ele é biologicamente mal equipado para enfrentar seu novo ambiente extraterrestre:

É HORA DE SE PERGUNTAR SE UM CORPO BÍPEDE QUE RESPIRA, COM VISÃO BINOCULAR E UM CÉREBRO DE 1.400CM³ É UMA FORMA BIOLÓGICA ADEQUADA. O CORPO É UMA ESTRUTURA NEM MUITO EFICIENTE, NEM MUITO DURÁVEL. COM FREQUÊNCIA ELE FUNCIONA MAL E SE CANSA RAPIDAMENTE; SUA PERFORMANCE É DETERMINADA POR SUA IDADE. É SUSCETÍVEL A DOENÇAS E ESTÁ FADADO A UMA MORTE CERTA E IMINENTE. SEUS PARÂMETROS DE SOBREVIVÊNCIA SÃO MUITO LIMITADOS – O CORPO PODE SOBREVIVER SOMENTE SEMANAS SEM COMIDA, DIAS SEM ÁGUA E MINUTOS SEM OXIGÊNIO. (STELARC, 1997, P. 54)

As performances complexas de Stelarc passam por uma escultura televisionada do próprio estômago, pela suspensão de seu corpo por ganchos que lhe atravessavam a pele e pelo desenvolvimento constante de metáforas do ciborgue

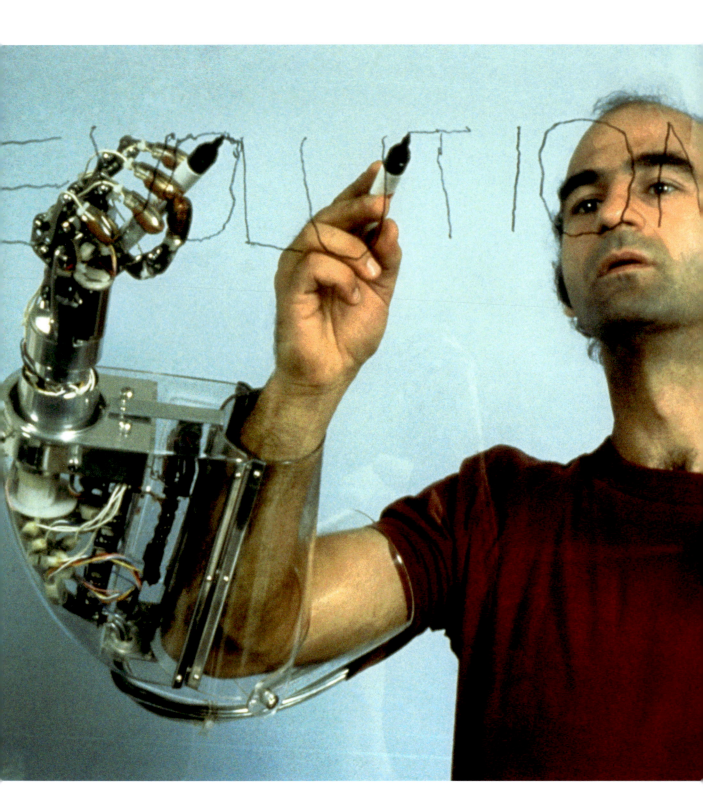

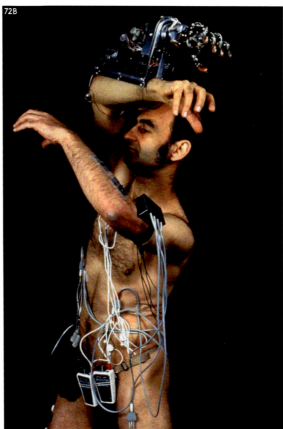

FIGURA 72. (A) Handswriting: escrevendo uma palavra simultaneamente com três mãos, 1982, Stelarc. Maki Gallery, Tóquio, Japão; (B) The Third Hand, 1980, Stelarc. Yokohama; Tóquio; Nagoya, Japão. Créditos: (A) Keisuke Oki; (B) Simon Hunter.

e do pós-humano, levantando questões sobre evolução e adaptação em nosso ambiente altamente tecnológico. Em sua obra The Third Hand, de 1980, o artista anexou um terceiro braço robótico em seu corpo, uma mão robótica de cinco dedos ativada pelos músculos do abdômen e da perna. Durante a performance, o artista explorou a possibilidade de escrever "The Third Hand" simultaneamente com sua mão direita, sua mão esquerda e sua terceira mão protética. Desde os anos 1980, o artista tem amplificado o corpóreo em performances nas quais ele expande o poder e alcance do corpo humano ao enviar informações para múltiplos dispositivos eletrônicos. Em meados da década de 1990, Stelarc usou a tecnologia protética para capacitar a estimulação remota e direta de seus músculos, que resultou em performances onde seus gestos eram involuntários e os movimentos do corpo incontroláveis.

> STELARC SE ENCONTRA ENTRE OS ARTISTAS QUE COMPREENDEM CLARAMENTE QUE O OBJETO A SER CONTROLADO NÃO PRECISA ESTAR PRESENTE NO CAMPO VISUAL, POIS A MANIPULAÇÃO A DISTÂNCIA E O CONTROLE REMOTO CRIAM UMA NOVA SITUAÇÃO PARA PERFORMANCE, ROBÓTICA E ARTE INTERATIVA. (KAC, E. 1998, P. 12)

Outro exemplo paradigmático é o da artista francesa Orlan, que utiliza o corpo como forma de escultura e performance, misturando música, literatura e dança. Agindo sobre a carne, a artista executa performances cirúrgicas chamando para si a atenção da mídia. O ambiente se faz em meio a uma cenografia específica e com figurinos executados por conhecidos designers. As cirurgias são filmadas e divulgadas em tempo real para todo o mundo, buscando uma desconstrução da imagem mitológica feminina construída através da história da arte. A artista afirma: "*This is my body, This is my software*".

A artista parece querer chamar atenção para a extremização do culto ao corpo, remodelado e transformado em uma mercadoria que pode ser manipulada e redesenhada, visando à manipulação estética de superfície desse corpo, construído com ginástica, musculação, silicones, enxertos, implantes e cirurgias plásticas para atender aos padrões estéticos impostos. A revolução do conhecimento e da comunicação nutre-se da economia global, e os sistemas cibernéticos e suas experiências virtuais estão sendo produzidos no seio do capitalismo contemporâneo e, portanto, marcados por seus paradigmas culturais.

FIGURA 73. Impressão 3D de tecido fictício com canais preenchidos por hemoglobinas, criado a partir de uma imagem de vasos sanguíneos retinianos de humanos, usados para testar instrumentos de infravermelho para o diagnóstico de oximetria. Crédito: The U.S. Food and Drug Administration.

ESTA FOI A PRIMEIRA E ÚNICA ARTISTA A UTILIZAR AS OPERAÇÕES PLÁSTICAS COMO PERFORMANCE, DESIGNANDO O SEU TRABALHO COMO "CARNAL ART", UM AUTORRETRATO FEITO COM O USO DE TECNOLOGIAS AVANÇADAS QUE LHE DÃO A POSSIBILIDADE DE TER O CORPO "ABERTO" SEM SOFRIMENTO E VER O SEU INTERIOR. AS SUAS IDEIAS E CONCEITOS ARTÍSTICOS ENCARNARAM NA CARNE O VALOR DO CORPO NA SOCIEDADE OCIDENTAL E O SEU FUTURO NAS GERAÇÕES VINDOURAS FACE AO AVANÇO TECNOLÓGICO E ÀS MANIPULAÇÕES GENÉTICAS. O CONFRONTO ENTRE ESTA FRAGILIDADE DO CORPO E O AVANÇO TECNOLÓGICO É A BASE DE TODO ESTE TRABALHO, ISTO É, SABER COMO ELES PODEM SE RELACIONAR OU SE O TECNOLÓGICO ACABARÁ POR PREVALECER SOBRE O BIOLÓGICO. (DUARTE, 2001)

Nosso olhar deve estar atento aos questionamentos levantados pelos artistas do nosso tempo, que buscam ilustrar em suas obras o reflexo dos fantasmas que povoam a sociedade pós-tecnológica e pós-informática. A respeito dos artistas que se apropriam das tecnologias numéricas para instaurar processos cognitivos em instalações interativas, estimulando "comportamentos, relações de distância, domínio de movimentos, avaliações e operações recidivas em sistemas robóticos", segundo Luisa Paraguai Donati (2005).

Projetos para o nosso lar devem propor e questionar novas relações do corpo no espaço, experimentando a expansão desse corpo na escala da realidade híbrida. Espaços que interpretam e se comunicam com os moradores, com vedações e equipamentos flexíveis, resultando em uma habitação adaptável com comportamento em tempo real. É necessário que arquitetos estudem e reconheçam a importância no entendimento dessa nova corporeidade e subjetividade advindas dos meios digitais. A metáfora do ciborgue deve ser um dado de fundamental importância no exercício de projeto.

É necessário que os arquitetos admitam essa nova escala do corpo expandido e essa outra sensorialidade como princípios fundamentais de projeto. O automatismo digital redesenha uma nova figura do sujeito em sua relação entre real e imaginário, individual e coletivo, público e privado. Todos dados de primeira ordem para o desenho do mundo que vivemos hoje. Estamos dotados de uma nova sensorialidade, somos todos ciborgues agora, o redesenho de nossos lares é urgente e necessário.

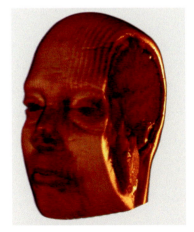

FIGURA 74. Ressonância magnética (Imaging) de uma cabeça humana.

VIVENCIAMOS O MOMENTO EM QUE AS TECNOLOGIAS DIGITAIS INFILTRAM-SE NAS MAIS DIFERENTES INSTÂNCIAS DO NOSSO DIA A DIA: EM NOSSAS ROUPAS, EM NOSSOS CARROS, EM NOSSAS CASAS E NO ESPAÇO URBANO. LEVOU APENAS VINTE ANOS PARA O COMPUTADOR PESSOAL E OS TELEFONES CELULARES POPULARIZAREM-SE EM NOSSO COTIDIANO, COM PREÇOS QUE CONTINUAM EM QUEDA, ABSORVENDO UMA POPULAÇÃO CADA VEZ MAIOR. O LAR TORNOU-SE UM PONTO DE AGLUTINAÇÃO DA INFORMAÇÃO, REUNINDO IMAGENS, PALAVRAS E SONS ADVINDOS DO CIBERESPAÇO.

Screenagers foi o termo cunhado por Douglas Ruskoff, fazendo uma referência aos "teenagers" (Kerckhove, 2003, p. 15). Trata-se de uma nova geração de meninos e meninas que já nasceram utilizando telas como um meio interativo e que possuem intimidade com videogames, internet e celulares, e que não se contentam apenas em olhar para a tela, querem experimentá-la e interagir com ela, ao contrário da geração anterior, que assimilava seus conteúdos de maneira contemplativa. Parece-me que essa nossa vontade e interesse em interagir com as telas é algo quase orgânico, uma extensão natural dos nossos corpos.

Entre essas duas gerações, encontra-se uma muito especial (da que faço parte, já que nasci em 1979), que vivenciou a passagem do meio analógico para o digital. Pense nisso: somos a única geração na história da humanidade que nasceu em berço analógico e vai morrer em túmulo digital. Acompanhamos de perto a evolução exponencial tecnológica. Somos uma geração que ainda presenciou televisores em preto e branco (me lembro da textura da imagem PB na casa da minha avó, com duas antenas em cima para a recepção do sinal). Alugamos filmes em formato VHS (me lembro com certo saudosismo das indicações de filmes incríveis feitas pelos funcionários nas locadoras que eu frequentava), jogamos videogames (muitas horas na madrugada) com controles de apenas dois botões (se lembra do Atari?). Eu me lembro (rindo alto agora) quando na adolescência em Sorocaba, interior de São Paulo, eu telefonava para a rádio local para pedir que minha música favorita tocasse. Depois, às 18h eu ouvia o TOP 10 (a parada de sucessos do dia) e, em uma operação quase "ninja", eu ficava atento com o meu gravador de fita, e com os dois dedos no botão REC e PLAY (que deveriam ser acionados com precisão cirúrgica exatamente ao mesmo tempo) para gravar a minha música (torcendo para o locutor não falar nada durante a gravação). Com uma exaustão apaixonada, após muitas gravações, finalmente eu tinha uma fita de 60 minutos contendo as melhores músicas da temporada. Aí sim, eu já podia organizar os bailinhos no salão de festas do meu prédio (e produzir o ambiente com luzes coloridas e muita fumaça para garantir uma experiência de imersão com a turma do colégio). Aliás, escrevendo sobre isso aqui, entendo que já vinha desde essa época meu fascínio pela cultura da noite, dos ambientes imersivos das discotecas e da música eletrônica. Eu sou um apaixonado por esse tema e, não por acaso, venho projetando experiências de escapismo e design de clubs.

Minha geração acompanhou a rápida proliferação da internet, assistindo de perto ao período da passagem de convivência entre as tecnologias de massa, analógicas, para a convergência das tecnologias numéricas, digitais. Somos a geração que viveu o nascimento da era digital. Eu acredito que esse fato nos coloque em uma posição crítica única frente às gerações futuras.

No contexto da chamada cibercultura, as famílias já não são mais as mesmas. Novos arranjos, ritos e hábitos compõem um mosaico rico de possibilidades para a desafiadora tarefa de redesenhar os espaços residenciais. Estamos agora dotados de uma apreensão sensorial requalificada e com uma subjetividade ampliada, vivenciamos a multidirecionalidade da informação, absorvendo conteúdos distribuídos em rede de maneira rizomática, múltipla e hipertextual. Certamente, características que influenciarão as escolhas e vontades dentro de nossas casas.

Como vimos, as TICs influenciaram definitivamente todas as etapas da arquitetura, desde sua concepção até a produção, construção e, finalmente, seus usos. Três fatores fundamentais parecem acelerar o desenvolvimento de sistemas computacionais em nossos objetos cotidianos: decréscimo de preços, decréscimo de tamanho e aumento de "inteligência". As possibilidades trazidas à concepção arquitetônica estimularam um criar híbrido que une em um mesmo processo de design as tecnologias tradicionais, analógicas e as recentes tecnologias digitais, com o uso misto de scanners tridimensionais, máquinas de prototipagem rápida, modeladores virtuais, programas generativos ou simuladores de fluxos diversos, intempéries, topologias. O resultado é um design que se apropria das pesquisas com novos materiais aplicáveis à arquitetura, mais esbeltos e resistentes, com propriedades formais diferenciadas e sensíveis a estímulos. Muitas vezes, esses novos processos resultam em objetos e edifícios de formas blóbica, orgânica e fluida, em uma junção topológica entre piso, teto e paredes, criando uma nova estética que chamamos de arquitetura paramétrica.

Aliado a essas novas técnicas, verificamos também o desenvolvimento de uma indústria da construção civil que busca aprender com as indústrias automobilística, aérea e naval. Kolaveric (2003) chamou de "Digital Contínuo" esse processo informatizado que se inicia nos primeiros rabiscos do design computacional, passando pela produção e construção dos edifícios. Como vimos, a tecnologia digital permite integrar diretamente a concepção e a produção de uma forma sem precedentes desde os tempos medievais dos grandes construtores. Vimos que é cada vez mais comum a ideia do arquiteto fabricante ou, como gosto de chamar, o arquiteto maker, que, para além do conhecimento de linguagens de desenho, agora também coloca a mão na massa para fabricar, seja em fab labs, seja em oficinas construídas em seus ateliês, mudando a lógica da relação entre concepção de projeto, desenhos e fabricação.

Esse panorama nos faz refletir sobre a formação do arquiteto hoje e sobre como ensinamos em nossos ateliês. Certamente, vivemos um momento de revisão e de profundo questionamento sobre os novos limites da nossa profissão, que exige arquitetos aptos a trabalhar em escalas diferentes, dialogando com maestria em ambiente concreto, virtual ou híbrido. Devemos repensar o ensino tradicional de projeto, baseado nos princípios do espaço cartesiano e da materialidade concreta. É um momento ímpar no entendimento da divisão tradicional das áreas do conhecimento, ficando claro que, cada vez mais, profissionais com diferentes formações tendem a se integrar em uma metodologia interdisciplinar advinda do processo de complexificação dos nossos tempos. Essa é única maneira possível de abordarmos com mais profundidade e conhecimento um projeto que busca resolver problemas.

Eu acredito que todos os cursos de arquitetura deveriam oferecer disciplinas de programação, afinal essa agora também é uma linguagem inerente à profissão do arquiteto e, assim como outras linguagens que aprendemos em nossos cursos, como desenho técnico, matemática ou até português, programação deve ser uma exigência básica para nossa profissão. Não precisamos formar especialistas em programação, mas todos os designers precisam ter um conhecimento básico para que possam prever projetos híbridos, mais interessantes e aptos a lidar com tantas questões trazidas com a era digital. Para que essas ideias não se restrinjam

a um grupo de privilegiados, é fundamental também um programa de políticas públicas no Brasil que amplie o acesso a tais conteúdos e tecnologias a jovens menos favorecidos. Caso contrário, correremos o risco de aumentar ainda mais o abismo de educação e cultura existente, distanciando-nos da possibilidade de viver em uma sociedade menos desigual.

Como procurei mostrar nesta publicação, os projetos residenciais alcançam resultados espaciais mais ricos e abrem uma gama maior de possibilidades, ressignificando ações cotidianas, quando o ato de projetar uma casa não se baseia meramente, em princípios estéticos e formais, a partir da localização dos cômodos e suas funções, por exemplo. Os espaços hipersensoriais e interativos que começam a surgir permitem novas formas de vivenciar o habitat e estimulam outras experiências no cotidiano doméstico. Certamente essa é uma das maiores riquezas dessa nova arquitetura. Vivenciamos o surgimento de um habitar híbrido e expandido, em edifícios que se comportam de maneiras variadas, adaptáveis e em tempo real. Para o autor Georg Flachbart (2005, p. 15), a arquitetura, na era da rede global, torna-se um objeto quântico que pode estar literalmente em dois estados de uma só vez (real e virtual, 1 e 0, off e on).

As novas tecnologias de informação e de comunicação têm integrado arte, design e tecnologia, causando um enorme impacto em nosso ambiente urbano, estimulando arquitetos de todo o mundo a adaptar sua metodologia de maneira a considerar as novas ferramentas computacionais. O universo digital proporciona um campo fértil para a exploração e o desenvolvimento da próxima geração de ferramentas, em que indivíduos criativos podem usar para projetar ambientes que possibilitem novas experiências ao homem.

Parece-me que o aspecto mais revolucionário dos arquitetos nesta era digital não é a possibilidade da engenharia complexa dos edifícios, nem sua capacidade em acomodar redes informáticas e novas tecnologias interativas, nem mesmo sua fascinante exploração estética. Nosso grande desafio está em desenhar espaços que satisfaçam necessidades humanas e suas subjetividades, como dar risada, brincar com os filhos, receber os amigos e amores. O aspecto realmente revolucionário para os criativos de hoje está em descobrir como utilizar essas novas tecnologias para estimular a empatia, construir laços de afeto e possibilidades de paz; como criar arquitetura para somar caminhos fraternos que nos surpreenda e nos transforme, em meio a um universo híbrido e inesperado. Esta, sim, será uma arquitetura extraordinária.

Espero ter contribuído para a formação de uma metodologia de análise de projetos advindos das tecnologias e conceitos da virtualidade. Essa pesquisa mostra que, para alcançarmos um resultado espacial mais condizente com nossos projetos residenciais, não é preciso fazer uso obrigatório do universo tecnológico, pois o exercício de projeto se relaciona mais com os conceitos da cibercultura do que com a tecnologia em si. O redesenho urgente de nossas casas pode ser feito hoje, de maneira low-tech e adaptada à nossa realidade.

Nos últimos meses, no meu reencontro com a minha dissertação de mestrado para a revisão do texto e publicação deste livro, entendi como essa pesquisa impactou na minha produção como arquiteto. Certamente, a grande maioria dos projetos que criei nesses dez anos de existência do Estudio Guto Requena são desdobramentos dessa minha investigação, que está apenas começando.

Para encerrar este livro, apresento aqui dez conceitos para entender o Habitar Híbrido. Aproveito para ilustrá-los com projetos do meu estúdio, que de alguma maneira incorporam essas reflexões.

FIGURA 75. *Bohemian Cyborg*, 2007, primeiro projeto do Estudio Guto Requena. Foto: Felipe Morozini.

1. MUTANTES

Nossas casas são espaços em constante transformação. As possiblidades de flexibilização do nosso lar, especialmente a partir dos anos 1960, se tornam possíveis com o uso de móveis com rodízio, paredes, cortinas e peças que podem deslizar, abrindo e integrando ambientes, por exemplo. Esse recurso permite transformarmos nosso lar para se adequar às diferentes atividades que precisam acontecer ali. As novas tecnologias em desenvolvimento permitem que essa flexibilidade seja executada mais rapidamente, de forma prática e fácil, adotando materiais mais leves e sensíveis, e com o uso integrado de sensores, motores, trilhos e interfaces arquitetônicas que permitirão o deslocamento completo de partes da casa, inclusive para outros locais (quem sabe nossos veículos compartilháveis e coletivos não serão parte plugável dessa casa?). Além disso, nosso desejo por customização fará parte dessa flexibilidade, com divisórias e fachadas que mudam de cor, geram padrões e imagens, luzes que criam diferentes sensações ao longo do dia e superfícies elásticas que redefinem topologias como piso, teto, parede e fachada. Arquiteturas mutantes, responsivas, transformáveis e móveis passarão a ser cada vez mais parte do nosso cotidiano.

Bohemian Cyborg

Neste apartamento é possível deslocar paredes e mobiliários, customizando e transformando seus ambientes conforme a necessidade do morador, em um processo de design que podemos chamar de participativo. A planta original do apartamento, construído em 1970 e com 80 metros quadrados, reproduzia a tradicional configuração espacial, baseada na clássica tripartição parisiense do século XIX, que divide a casa em área social, íntima e de serviços, com cômodos isolados e compartimentados. Após a retirada de todas as vedações, elétrica, hidráulica e alguns revestimentos do antigo imóvel, criou-se um espaço vazio com planta em "U", organizado ao redor de um cubo, funcionando como uma grande luminária no centro do espaço. Esse cubo foi iluminado a partir de leds que podiam mudar de cor, respondendo a estímulos captados nos sensores espalhados pelo espaço. As faces desse cubo foram formadas por cortinas translúcidas que abrigavam as áreas molhadas do apartamento: banheiro, cozinha e lavanderia. Esse espaço flexível passou a oferecer mais de 10 configurações possíveis, como loft, escritório, galeria de arte, cozinha gourmet ou uma pista de dança.

O apartamento não se organizava mais a partir de cômodos estanques e monofuncionais, como quarto, sala ou cozinha, mas sim considerando as atividades praticadas, como dormir, trabalhar, comer, fazer amor, cuidar da higiene e cuidar das roupas. O mobiliário e as vedações foram pensados para amparar essas diferentes atividades no espaço, permitindo reprogramar o apartamento de acordo com os desejos do seu morador. Assim tornou-se possível reagrupar e deslocar todos os móveis pelo espaço, por meio de rodízios; vedações leves, como cortinas e uma lona plástica, podiam fechar ou integrar os ambientes.

FIGURA 76. *Noize*, 2012,
Estudio Guto Requena.
Foto: Tomek Sadurski
Desenvolvido sob convite do Coletivo Amor de Madre
Criação: Guto Requena
Desenvolvimento: Henrique Stabile
Programação: Thiago Hersan

2. SUSTENTÁVEIS

A revolução trazida com o desenvolvimento nas áreas de nanotecnologia e biotecnologia nos apresentará fascinantes sistemas e materiais para uso em arquitetura, muitos deles com características inovadoras, sendo, por exemplo, biodegradáveis, vindos de fontes renováveis, sendo mais resistentes, duradouros ou com propriedades de autolimpeza, filtros de gazes e poluentes. Teremos também materiais que poderão gerar energia, regenerar-se, possuir memória de formas e serem bioluminescentes. Assim, teremos não apenas novas arquiteturas, mas sistemas que poderão ser impressos em 3D, casas e edifícios que, além de produzir a própria energia, trabalharão em conjunto, de forma colaborativa, podendo fornecer energia para os vizinhos.

Por outro lado, o ensino de programação nas escolas, acompanhado de novas tecnologias de fabricação digital e da expansão dos fab labs, deve democratizar bastante a cultura maker, trazendo um horizonte fascinante, repleto de "fazedores", ou seja, pessoas que criam, produzem, editam, consertam e trocam móveis, objetos e partes de suas casas, ampliando o ciclo de vida dos produtos e permitindo uma lógica de mercado completamente nova e com menos impacto ambiental. Hoje sabemos que existe alguma chance de evitarmos a extinção da nossa espécie, mas isso se dará somente com a união entre tecnologia e afetos.

Noize

A cadeira Girafa, de autoria da Lina Bo Bardi, Marcelo Ferraz e Marcelo Suzuki, foi modelada em plataforma digital 3D, reproduzindo fielmente seu modelo físico. A partir de uma programação computacional feita pelo Estudio Guto Requena, com uso da linguagem Processing, deformou-se esse modelo digital a partir de sua fusão com o arquivo de áudio coletado na região da Rua Santa Ifigênia, no centro histórico de São Paulo. O resultado é uma cadeira-manifesto, que, para além do ato de sentar, instiga reflexão. O arquivo digital resultante desse processo foi enviado via internet para a Bélgica, diretamente para uma máquina de impressão 3D, que pode imprimir inclusive em fibra biodegradável. Vozes da cidade, ruídos da periferia e ressonâncias do concreto desconstroem um clássico do mobiliário brasileiro, onde o que importa não é o resultado estético da peça, mas o seu processo de design, sugerindo questionamentos sobre autoria e remixagem em nossos tempos.

3. A FORMA DO AMOR

Acredito na crescente valorização de objetos com memória e no desenvolvimento de tecnologias de design que permitem criarmos experiências de arquitetura e cidade que estimulam a empatia e o uso coletivo dos espaços, e que podem – por que não? – empoderar os cidadãos. Projetar casas e cidades inteligentes para mim não é priorizar a tecnologia em si, mas efetivamente usar a tecnologia como uma poderosa ferramenta empática.

Nesse mesmo raciocínio, acho fascinante pensar em um futuro em que designers gerem formas literalmente a partir de sentimentos, como na minha exploração do *LOVE PROJECT*, também relacionado à minha obsessão em tornar tangível aquilo que é intangível. Este é um projeto de pesquisa que faço desde 2013, em parceria com a empresa D3, em que sensores plugados no corpo de convidados permitem captarmos sentimentos (*biofeedback*) e utilizarmos esses dados para gerar formas impressas em 3D. Como serão as arquiteturas desse futuro próximo em que poderemos aumentar formas a partir do amor e produzi-las com ajuda de fabricação digital e robôs? Me parece um futuro possível e bastante intrigante, em que edifícios não são concebidos apenas a partir de sua funcionalidade e formalidade, mas também gerados a partir de emoções. Como seria uma praça criada pelas emoções de refugiados? Qual seria a forma de uma escola feita pelo amor dos professores? Ou uma casa gerada pelas memórias afetivas de sua família?

LOVE PROJECT

Promovendo uma experiência de design, ciência e tecnologia, o *LOVE PROJECT* transforma emoções captadas de narrativas de amor em objetos do cotidiano impressos em 3D. O projeto sugere um futuro em que produtos únicos carreguem histórias íntimas e pessoais, de modo que o seu ciclo de vida seja mais longo, em um conceito de sustentabilidade afetiva, buscando incluir o consumidor final no próprio processo de criação, democratizando e desmistificando o uso de tecnologias numéricas. Ele investiga novas possibilidades advindas com a era digital, explorando horizontes da indústria do design e sua nova lógica de criação, produção, transporte e venda.

Três sensores diferentes coletam dados das mudanças físicas presentes na emoção da narrativa dos convidados: sensores de voz, atividade cerebral e batimentos cardíacos.

Criamos uma interface para interpretar os dados coletados pelos sensores, transformando os diferentes inputs em uma linguagem única, permitindo a visualização das emoções dos convidados em tempo real. Os dados coletados são enviados para o software paramétrico (Grasshopper), em que uma programação modela os objetos tridimensionais baseados em um sistema de partículas. Cada partícula tem um comportamento diferente, alterado pelos dados dos sensores. Com o objetivo de guiar essas partículas para formarem um objeto funcional, criamos um grid de forças que influenciam as partículas durante seu curso.

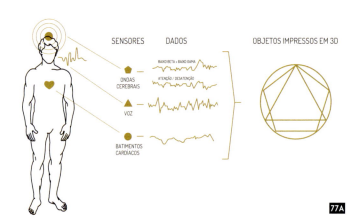

77A

152

Aura Pendant é a última experiência do *LOVE PROJECT*. Trata-se de um aplicativo que captura emoções para esculpir uma joia. O aplicativo captura as emoções na voz e mede os batimentos cardíacos através da pulsação encontrada no dedo. Esses dados emocionais coletados controlam o comportamento das partículas (velocidade, espessura, atração e repulsão) para moldar a joia. Ao final da narrativa, um design único surge no formato de uma mandala, que será fabricada através de impressão 3D, e em seguida artesanalmente feita e polida à mão, em prata, ouro rosa e ouro 18K. Como sua forma generativa surge a partir das emoções, uma forma jamais será igual a outra.

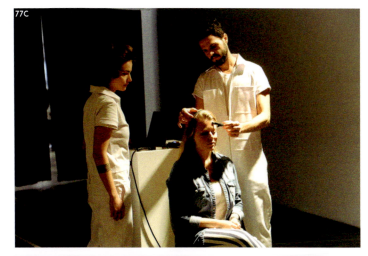

FIGURA 77. LOVE PROJECT, 2013 – 2018, Estudio Guto Requena + D3.
Créditos: (B) e (E) Estudio Guto Requena; (F) e (G) Luciana Dal Ri; (A) Bruno Baietto; (C) Casa Vogue; (D) e (H) Otávio Whately Pacheco.

Sócios criadores: Guto Requena, Edson Pavoni, Eduardo Dias e João Marcos de Souza. Colaboradores: Mariana Schetini, Vitor Reis, Diego Spinola, Luka Brajovic, Luiz Gustavo Zanotello, Victor Sardenberg, Pagu Senna, Raphael Fagundes, Carolina Nishino, Kaio Medau, Jonathan Querubina, Junior Magalhães, Robson Coelho, Victor Gama, Natasha Weissenborn, Branda Colautti, Maria Clara Villas, Jorge Teivelis Neto, Nathali Lima, Mariana Ventura, Andre Aureliano e Ligia Giatti.

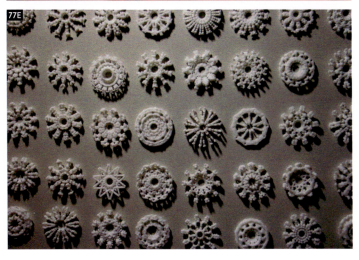

153

77F

77G

154

4. OBJETOS COM MEMÓRIA

A ideia de que objetos carregam memórias me fascina desde criança. Sempre fui um pouco colecionador de coisas que contam histórias. Quando uma peça carrega uma narrativa, uma lembrança de alguém ou algo que aconteceu, ela automaticamente é elevada a um novo *status*, estabelecendo uma conexão afetiva com a gente. Ela não se relaciona mais com modismos ou estética. Já não importa mais se o objeto em questão é belo ou feio – já que beleza é algo relativo. O que é feio para mim pode ser lindo para o outro.

Por exemplo, uma cadeira que pertenceu à sua avó e que faz você se lembrar das fábulas que ela contava na infância tende a passar muito mais tempo na sua família do que uma outra comprada simplesmente porque combinava com a cor do tapete da sala. A cadeira da avó conta a história do tempo, vem com ranhuras, desgastes, que são como rugas e cicatrizes, customizada pelas histórias das vidas que acompanhou. Eu costumo lançar esse exercício aos meus clientes que estão fazendo uma nova casa: vasculhe enfeites, móveis e objetos que tragam boas lembranças. Utilizar essas peças trazem pessoalidade ao espaço.
E assim, aos poucos, uma casa vai se tornando um lar. Afinal, não tem nada mais chato do que uma "casa design", que celebra apenas o novo, com cara de showroom.

No Brasil, ainda celebramos o novo e supervalorizamos as últimas tendências – típico de um país que enfrenta problemas de autoimagem e autoestima, e cujo foco não é a educação mas sim a cultura do ter. Valorizar nossa história e nosso passado é, além de tudo, sustentável. Um objeto que carrega memória tem seu ciclo de vida mais alongado. Ele dura mais, não vai para o lixo tão cedo. É passado para novas gerações e assim deve sobrepor mais e mais histórias. Essa é a ideia por trás da sustentabilidade afetiva. Afinal, o mundo não precisa de uma nova cadeira.

As novas tecnologias abrem possibilidades de criarmos objetos que literalmente contem histórias, objetos modelados pelas memórias, por meio de sensores de diferentes espécies, e de softwares que poderão interpretar nossas subjetividades. Ao designer caberá estabelecer códigos, para um design generativo e pessoal. Eu acredito que o futuro do design será focado no desenvolvimento do desenho de sistemas, mais do que no desenho do novo.

Era uma Vez

A coleção de vasos de vidro *Era uma Vez* é composta por quatro peças de tamanhos diferentes, criadas a partir do registro de fábulas que a minha avó me contava na infância, captadas pelo telefone celular e utilizadas como base para a modelagem computacional dos vasos. O resultado é a alma das formas, geradas pela interpretação dos arquivos de áudio, que expressam por meio de suas curvas o drama narrativo dos contos. Os vasos foram fabricados pela técnica artesanal da moldagem de vidro por sopro e utilizam em sua composição vidro descartado. A coleção reflete o interesse do Estudio Guto Requena no processo de design e em projetos inspirados na memória afetiva, na rica cultura e história brasileiras e na valorização do artesanal.

FIGURA 78. *Era uma Vez*, 2011,
Estudio Guto Requena.
Foto: Marcos Cimardi
Criação: Guto Requena
Desenvolvimento: Henrique Stabile
Programação: Thiago Hersan
Fabricação: Vidros Zero 1

Life Lamp

Life Lamp foi criada para representar um ciclo de vida, num objeto sensível composto por diferentes camadas e cuja sombra resulta em uma imagem complexa que expressa os caminhos e surpresas da nossa existência. Três arquivos de áudio foram utilizados na programação de design generativo. O volume dos batimentos do coração acelerados de um bebê ainda na barriga da mãe, o do coração de um adulto com 35 anos e, por fim, os batimentos de um idoso de 80 anos. Esses dados foram usados como parâmetro para que o *software* desenhasse as linhas que compõem a luminária, que podem ser mais ou menos espessas, e mais ou menos ramificadas. São três volumes sobrepostos impressos em 3D. O menor e mais interno foi criado a partir do volume do coração do feto; o volume intermediário utilizou o do adulto; o mais externo, o coração do idoso. Todos fisicamente interconectados, de modo rizomático, para gerar um design que, além de iluminar um ambiente, também nos convida para refletir sobre como aproveitamos essa vida tão breve e pulsante.

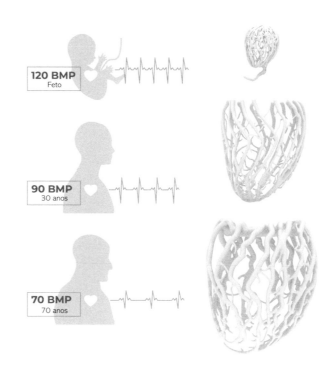

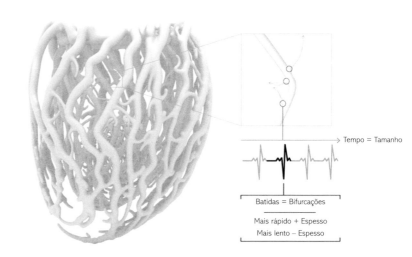

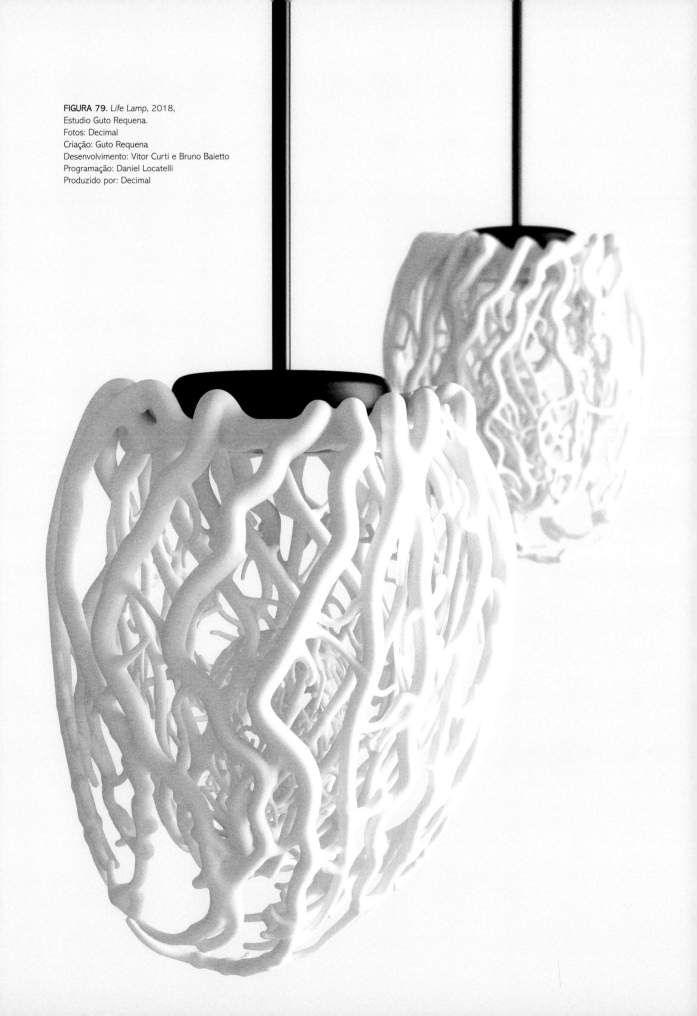

FIGURA 79. *Life Lamp*, 2018,
Estudio Guto Requena.
Fotos: Decimal
Criação: Guto Requena
Desenvolvimento: Vitor Curti e Bruno Baietto
Programação: Daniel Locatelli
Produzido por: Decimal

5. CASA-TEMPLO

Nessa arquitetura híbrida que se esboça na era digital, sensores e tecnologias integrados à materialidade física da casa coletarão nossas informações, em uma lógica similar ao que hoje já fazem nossos smartphones, nossas TVs e computadores, por exemplo. O que fazemos, o que comemos, com quem estamos, para onde vamos, do que rimos, porque choramos, onde gastamos nosso dinheiro, onde passamos nossas férias, quem são nossos amigos, por que e em quem votamos – assustador e já parte de nossa realidade. Um retrato distópico: estamos sendo observados, ouvidos e sentidos a todo tempo, em todos os lugares. Seremos analisados e nossos dados serão distribuídos para empresas, governos e sabe-se lá quem mais. Um futuro pan-óptico, hipercapitalista, manipulável e paranoico nos espera. Questões de privacidade terão outros contornos, muito mais sombrios. O que vivemos hoje é apenas uma pequena amostra do que está por vir. Nossa vida, um reality-show de dados, controle e cifrões.

Talvez, por outro lado, nossos lares possam também se tornar uma espécie de *bunkers* de proteção. Espaços feitos com materiais e tecnologias que bloqueiam e impedem essa vigilância. Espaços em que redes não funcionam, em que nossos dados são apenas nossos. Casas ou cômodos off-line serão uma opção. Espaços que impedem nosso contato com o mundo conectado. Desconectar para se reconectar. Bloquear para recarregar dentro dessa casa-templo.

FIGURA 80. Cartografia Emotiva, 2015, Estudio Guto Requena. Bar Interativo na Casa Cor São Paulo 2015. Fotos: Lufe Gomes. Autor: Guto Requena. Estudio Guto Requena: Paula Molinari, Joana Telles, Patrícia Giufrida, André Romitelli, Martina Brusius. Instalação interativa: Rita Wu, Luka Brajovic, Dimitre Lima, Eduzal. Consultoria: Cauê Waneck. Paisagismo: Camila Opípari e Rulian Nociti.

Cartografia Emotiva

O Bar Interativo buscou revelar a memória do local, resquícios das edições anteriores da Casa Cor e dos eventos que ali aconteceram. Paredes e piso guardavam marcas dessa história, com restos de papel de parede, buracos, canos aparentes, superfícies inacabadas e as marcas do tempo. O espaço foi um convite à introspecção. No seu interior, uma instalação interativa chamada *Cartografia Emotiva*. Concebida por Guto Requena e criada coletivamente com os artistas Rita Wu, Dimitre Lima, Luka Brajovic e com projeção mapeada de Eduzal, a obra transformou o ambiente em um espaço híbrido, um imenso observatório de emoções. A projeção mapeada (de 30 m × 10 m) apresentou graficamente uma coleta em tempo real feita na internet (Twitter e Instagram) de hashtags de emoções postadas em português. Foi possível visualizar quais emoções as pessoas postavam, em tempo real, o que falavam e suas imagens. Uma música ambiente generativa (feita pelo computador) também era criada em tempo real como resposta a essas hashtags, auxiliando a criar uma experiência imersiva de contemplação. Um grupo de seis emoções básicas do homem, conforme definição do psicólogo Dr. Phillip Shaver (1987), eram visualizadas na projeção: amor, alegria, surpresa, raiva, medo e tristeza. Cada post orbitava em volta da emoção correspondente. A emoção mais postada crescia visualmente na parede, permitindo entender qual emoção predominava no exato momento e, assim, relacioná-la com fatos políticos, históricos e culturais do dia.

6. ARQUITETURA HACKEADA

Nossas metrópoles brasileiras têm sua superfície urbana preenchida por uma arquitetura estandardizada, monótona, cinza, com uma estética definida por incorporadoras e, infelizmente, com baixíssimo valor arquitetônico. É claro que pontualmente, nossas cidades são preenchidas por edifícios de grande relevância, exemplares modernos ou alguns recentes experimentos contemporâneos. Esses pouquíssimos exemplos se reduzem a quase zero quando avançamos para a periferia e para cidades no interior.

Estou fascinado com a ideia de que podemos mudar esse quadro, hackeando edifícios existentes, estimulando novas identidades urbanas, elevando a autoestima, melhorando a qualidade de vida e promovendo inovação e sustentabilidade, a partir do que chamo de arquitetura hackeada, feita com mudanças em tempo real. É inviável destruir os tantos edifícios horríveis que ocupam nossas cidades, mas podemos criar sistemas para serem plugados nessas arquiteturas, trazendo novos usos e qualidades. Aliás aí está uma das oportunidades para o mercado de arquitetura e para os milhares de estudantes que se graduam arquitetos todos os anos. Oportunidades para criarem negócios que envolvam estruturas hackeáveis. Esses sistemas plugáveis, que melhoram os edifícios, requalificam o entorno, adicionam outras experiências ao olhar e as subjetividades do nosso corpo ciborgue.

Hackeando espaços e conectando, com sistemas de iluminação, jardins, mobiliário e arte urbana, por exemplo. E o que mais me fascina, hackear para criar superfícies interativas que respondem a estímulos, utilizando sensores, como barulho, qualidade do ar e temperatura, visualizando dados, como consumo energético, ou ainda refletindo sentimentos humanos, com informações de comportamentos coletadas na internet, em redes sociais ou na própria rua. Esses envelopes comunicantes transmitem outros níveis de informação à nossa prática urbana.

Hacker é um termo utilizado na informática e define uma pessoa que é capaz de subverter, manipular ou modificar, utilizando sua criatividade e *expertise* para burlar um sistema computacional. Na cultura hacker, é comum o trabalho compartilhado, improvisado e colaborativo. Muitas vezes, hackers são ativistas, com fortes ideologias e motivações a favor da internet livre e da privacidade. Hackers são, acima de tudo, grandes inovadores.

Utilizar a superfície da cidade para apresentar dados seja, talvez, o modo mais democrático de informar e de educar, afinal, a rua, teoricamente, está acessível para todos.

Criatura de Luz

A nova fachada do Hotel WZ Hotel faz parte de uma ação de retrofit da arquitetura original de um hotel construído nos anos 1970 em São Paulo. Desenhada como uma obra de arte urbana interativa, essa fachada possui dois momentos distintos: dia e noite. Na fachada diurna utilizou-se chapas metálicas para revestir o edifício, criando uma pele pixelada nas cores dourado, azul e cinza. Como uma camuflagem urbana, seu desenho foi gerado com um *software* paramétrico a partir da análise dos sons no entorno do edifício, criando padrões gráficos como resposta. O resultado final reflete visualmente a paisagem sonora da Avenida Rebouças.

À noite essa pele metálica acende em padrões luminosos interativos. Essa *Criatura de Luz* habita a fachada do hotel e tem um comportamento próprio, reagindo em tempo real a diferentes estímulos. Sensores instalados no prédio coletam sons que impactam nos movimentos e formas da Criatura. Outro grupo de sensores coleta a qualidade do ar, modificando suas cores. Um aplicativo para celular permite a interação direta do público com a *Criatura de Luz* através do toque com os dedos ou da voz.

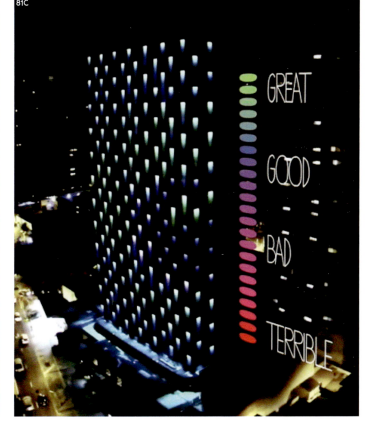

FIGURA 81. Criatura de luz, 2014, Estudio Guto Requena. Fotos: (A) André Klotz; (B) Ayla Hibri; (C) Estudio Guto Requena. Criação: Guto Requena
Equipe: Estudio Guto Requena, Julio Radesca, Lucas Ciciliato, Paulo de Camargo, Vitor Reis
Desenvolvimento de fachada interativa e app: Ydreams e Luka Brajovic
Iluminação: New Energy

Eu Estou

Misto de mobiliário urbano e projeto de visualização de dados, a instalação *Eu Estou* convida o participante a sentar-se em um banco, tirar uma foto de si e escolher uma emoção, dentre as seis, que sente no momento: amor, alegria, surpresa, raiva, medo ou tristeza, conforme definição do psicólogo Dr. Phillip Shaver (1987) sobre o grupo de seis emoções básicas do homem. Cada uma é representada por uma cor, que filtra a foto no momento em que ela aparece na Galeria de Arte Digital. A imagem se dilui em um gráfico que permite comparar quais emoções predominam individual e socialmente. As imagens são exibidas na fachada principal do prédio da FIESP, localizado na Avenida Paulista, um dos edifícios de maior expressão arquitetônica dos anos 1980 e obra-prima do arquiteto Rino Levi.

O mobiliário urbano gerado por design paramétrico é feito por fabricação digital com placas de tetrapak recicladas. *Eu estou* é um convite para refletir sobre as paisagens emocionais que nos conectam uns aos outros e ao nosso ambiente urbano.

A obra fez parte do Arquinterface, festival de curadoria compartilhada entre o SESI-SP e Giselle Beiguelman, que reuniu designers, artistas, arquitetos e pensadores da área da comunicação e do audiovisual para discutir as novas relações das tecnologias com o imaginário urbano e como as artes operam hoje em interface com a arquitetura e a cidade.

FIGURA 82. *Eu estou*, 2015,
Estudio Guto Requena.
Fotos: Fernanda Ligabue
Criação: Guto Requena
Arquinterface: curadoria SESI-SP e Giselle Beiguelman
Programação e visuais: Dimitre Lima
Hardware: Marcio Ambrósio
Design paramétrico do mobiliário urbano: Daniel Vianna
Fabricação digital: Ato Brasil
Apoio: Tetrapak

7. ARQUITETURA EMOCIONAL

Como vimos aqui, tudo indica que nossos espaços, cada vez mais, serão integrados com sensores que captam nossos dados físicos e emotivos. Esses dados serão interpretados e a arquitetura vai responder a estímulos. Estou particularmente interessado em como podemos usar essas tecnologias para criar arquiteturas emocionais. Edifícios que podem se transformar, utilizando recursos cinéticos, superfícies estimuláveis, iluminação, som e uma série de outros recursos a serem desenvolvidos nos próximos anos. Seria a união científica entre a arquitetura e a neurociência, por exemplo, para criar experiências únicas em espaços que literalmente se emocionam, impulsionados pelo desenvolvimento da inteligência artificial.

Pavilhão Dançante

Arquitetura interativa temporária criada para o Parque Olímpico 2016, na Barra da Tijuca, Rio de Janeiro. O edifício foi projetado para uma marca de cerveja, com a finalidade de abrigar música, festas, djs e shows. Sensores espalhados dentro da pista de dança captavam a música e agitação das pessoas dançando, e esses dados faziam a fachada do edifício se movimentar: cerca de quinhentos espelhos redondos giravam, abrindo e fechando, para criar efeitos ópticos. O lado de fora da superfície metálica era composto de diversas cores, para sugerir diversidade. Por dentro, uma gigante superfície de espelhos. Sob o sol, esse prédio cinético criava grafismos de luz e sombra no piso e no seu entorno. À noite, com as luzes, o edifício se expandia de modo dramático, como um retrato de arquitetura emotiva que se arrepia como um corpo excitado.

FIGURA 83. *Pavilhão Dançante*, 2016, Estudio Guto Requena.
Fotos: Fernanda Ligabue e Rafael Frasão.
Autor: Guto Requena
Estudio Guto Requena: Ludovica Leone, Daniel Vianna, Bruno Baietto e Guilherme Giantini.
Tecnologia e motion design: D3
D3: Pagu Senna, Diego Spinola, Carolina Anselmo, André Aureliano, Jonathan Querubina, Brenda Colautti, Natasha Weissenborn, Maria Clara Villas, Luciana Dal Ri, Vitor Reais, Victor Gama, Raphael Fagundes, Mariana Ventura, João Marcos de Souza, Edson Pavoni.
Agência: B!Ferraz
Montadora (set design supplier): UN Cenografia
Cliente: Skol/ Ambev

Estrela Sensível

A instalação interativa *Estrela Sensível* convidou o público a lançar novos olhares sobre a cidade, observar sua transformação, assistir do alto a caótica e, ao mesmo tempo, apaixonante São Paulo. A obra foi instalada no heliponto da cobertura de um dos mais altos edifícios do Brasil, o Edifício Mirante do Vale, construção de 1966 sob autoria de Waldomiro Zarzur e Aron Kogan, localizada no Vale do Anhangabaú, centro histórico de São Paulo. Em forma de estrela paramétrica desconstruída, a instalação respondia com luzes e sons aos estímulos das pessoas coletados através de um grupo de sensores. Assim transformava-se em uma espécie de grande instrumento musical, em que os visitantes remixavam, com o próprio corpo em movimento dentro dessa estrela, a paisagem sonora coletada no entorno do edifício, como feiras de rua, trânsito, praças, Mercado Municipal e o Mosteiro de São Bento.

FIGURA 84. *Estrela Sensível*, 2016, Estudio Guto Requena.
Foto: Pedro Kok
Criação: Guto Requena
Estudio Guto Requena: Guilherme Giantini e Bruno Baietto
Desenvolvimento paramétrico: Daniel Vianna
Evento: Agência Hands
Cenografia: Caselúdico
Software, hardware e áudio: Felipe Merker Castellani e Fernando Falci De Souza

8. CAMADAS POÉTICAS

Quando eu criei o projeto *Me Conta um Segredo?*, fui monitorar diversas vezes o resultado, passei horas ali apenas observando e sentindo como as pessoas reagiam ao meu trabalho. A praça Coronel Fernando Prestes foi um local emblemático durante nossa recente ditadura militar, com instituições do poder em seu entorno, palco de tortura e abusos de Direitos Humanos pelos militares. Ocupar aquela praça tinha um valor simbólico e uma responsabilidade tremenda para mim. O objetivo da minha obra era criar pontes de afeto entre as diferentes pessoas que frequentavam aquele lugar, uma maneira, quem sabe, de convidar estranhos a compartilhar um momento de intimidade.

Certo dia percebi um senhor já de cabelos brancos e a pele bem negra se sentar e sorrir, ouvindo um dos segredos. Em seguida, uma jovem asiática sentou-se no mesmo banco, de costas para aquele senhor. Em um instante quase mágico, ambos começaram a rir e se olharam. Do olhar, veio o sorriso. O sorriso trouxe uma conversa. Levantaram-se juntos, caminharam e seguiram na prosa. Aquele momento foi talvez um dos momentos mais importantes na minha vida profissional. De repente tudo fez sentido, e eu tive a certeza do que eu deveria fazer para sempre: utilizar as novas tecnologias digitais e interativas,

adicionando-as à superfície da cidade, unindo-as às fachadas dos prédios, nas arquiteturas e no mobiliário urbano. Essa seria uma maneira de somar camadas de poesia e nossa vida na rua. Móveis que falam, que contam histórias, por exemplo, tornam-se um instrumento poderoso de empatia. Gosto de pensar que aquele senhor e aquela jovem sorridente tornaram-se grandes amigos e hoje são confidentes, tomam um café brasileiro de vez em quando um na casa do outro. Gosto de imaginar que aqueles bancos geraram novas amizades. Gosto de pensar que um casal se conheceu ali, se beijaram, casaram e tiveram filhos. Não seria esse o papel mais fundamental dessas tecnologias? Não seria esse o único sentido viável para seu desenvolvimento?

Me Conta um Segredo?

Me Conta um Segredo? é uma obra de arte pública temporária, um mobiliário urbano interativo criado para o Festival URBE 2016. Composto por cinco bancos de madeira, desenhados para estimular o coletivo, situados no meio da Praça Coronel Fernando Prestes no Bairro do Bom Retiro, reduto de imigrantes na cidade de São Paulo. Um sexto móvel, em formato de câmara, contendo um telefone antigo e uma frase "Me conta um segredo?" convidava os passantes

a entrarem e compartilharem suas histórias. Tais segredos eram armazenados em um computador e randomicamente transmitidos dentro dos móveis, através de caixas de som em seu interior. A cor desse mobiliário se originou em um processo de miscigenação das bandeiras dos principais imigrantes da região, como Coreia do Sul, Grécia, Bolívia, Itália e Haiti.

Ao anoitecer, os móveis se transformavam em esculturas de luz, vibrando e mudando de cor em tons quentes conforme o volume do áudio variava. As luminárias de LED dentro dos móveis ampliavam a experiência da obra para todo o entorno, criando uma paisagem onírica na praça.

FIGURA 85. *Me conta um segredo?*, 2016, Estudio Guto Requena.
Fotos: Leonardo Finotti
Criação: Guto Requena
Desenvolvimento: Bruno Baietto
Interação: Fernando Fabbrini
Iluminação: Phillips Lighting
Construção e montagem: Gtm Cenografia
Curadores: Alessandra Marder, Felipe Brait, Reinaldo Botelho
Agradecimentos: Cinnamon, Instituto Upload, In.Vertice e Instituto Urbe

9. COMPARTILHÁVEIS

As oportunidades trazidas com as tecnologias numéricas me fascinam, especialmente aquelas que se desenvolvem em torno da noção do coletivo e do compartilhável, afinal a cidade fraterna existe no momento em que estamos juntos, convivendo em paz com as diferenças do outro.

Para muito além de casas privadas de arquitetura fantástica, cada vez mais veremos outras modalidades de coabitar. Desde modelos gerenciados por aplicativos de celular até residências temporárias, móveis e recombinantes, ou em lugares geográficos variados, trazendo uma outra noção de propriedade. Mais similar ao que hoje já acontece na maneira como consumimos música e filmes, essa lógica do morar seria também um modelo *open source* de arquiteturas e sistemas hackeáveis de autoria mista. Seremos moradores de infinitas casas, espalhadas por todo o mundo. Haverá lares interconectados por redes telemáticas, que permitirão que eu customize o espaço cada vez que estiver nele, deixando-o com a minha cara. Existirão modelos de moradia coletiva e associados, estimulando, por que não, nosso senso inato de viver em comunidade. Talvez esse venha a ser um modelo forte e reconfortante, numa perspectiva para cidades e cidadão

interconectados. Se precisamos caminhar pra ser uma sociedade baseada em redes de afetos, possivelmente esses modelos sejam interessantes perspectivas para o lar.

Empatias mapeadas

Pesquisando definições sobre empatia, li uma frase que nunca esqueci, de um autor desconhecido, que dizia: "Empatia é sentir com o coração do outro". Na minha busca sobre como mesclar novas tecnologias digitais a emoções, surgiu o desejo de criar uma obra imersiva que convidasse as pessoas a se desconectarem de seu cotidiano, para que, por alguns instantes, pudessem se conectar ao outro, ao visitante desconhecido sentado ao lado, e que assim também se reconectassem ao seu próprio eu.

A arquitetura tem o papel fundamental de estimular sensações. A instalação *Empatias Mapeadas* foi desenhada com o auxílio de design paramétrico (formas geradas pelo computador), com seu desenho inspirado em templos e locais de meditação. O resultado foi uma estrutura orgânica feita em madeira e com fabricação digital em máquina de CNC, uma espécie de catedral que abriga confortavelmente um pequeno grupo de pessoas

que não se conhecem. A cada sessão, os batimentos cardíacos dos convidados são coletados em tempo real com o toque do dedo nos sensores instalados no banco. Esses dados vitais são enviados para caixas de som e de luzes, que transformam a arquitetura em uma grande escultura de emoções. No início da sessão, é possível escutar cada batida do coração individualmente. Aos poucos, as batidas se misturam para se transformar em uma sinfonia orientada pelo pulsar vibrante da vida. Luzes seguem o mesmo ritmo sensível, criando efeitos que auxiliam no processo de imersão. Enquanto esse grupo de desconhecidos se conecta, vozes sussurram frases que instigam reflexões sobre a nossa existência, angústias e alegrias.

A obra foi desenhada seguindo princípios do design universal, sendo intuitiva e possibilitando a mesma experiência inclusiva para todos os visitantes, independentemente de sua idade, habilidade ou situação, incluindo portadores de deficiências físicas.

Empatias Mapeadas é uma instalação arquitetônica performática, que funciona apenas quando os visitantes se conectam, em uma experiência interativa e onírica que transborda os limites entre arte, afetos e tecnologia. Em um momento em que tantos buscam erguer muros que nos separam, eu acredito no potencial da arte aliada às tecnologias de informação e comunicação para construirmos pontes afetivas, que nos façam lembrar que estaremos todos sempre conectados.

FIGURA 86. Empatias Mapeadas, 2018, Estudio Guto Requena.
Fotos: Lufe Gomes
Criação: Guto Requena
Criação sonora, iluminação e desenvolvimento do sistema interativo: Felipe Merker Castellani e Nikolas Gomes
Design paramétrico: Guilherme Giantini
Produção e montagem: GTM Cenografia

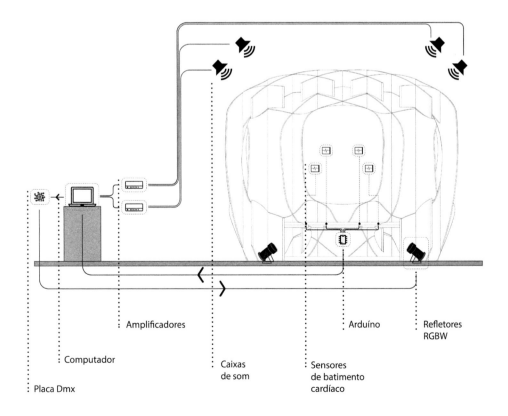

10. SENTIR LAR

Enfim, para sobrevivermos em um futuro de tragédias climáticas, teremos de desmaterializar o nosso morar, possuindo menos objetos e aprendendo a qualificar nossa vida de outras maneiras. Poderemos carregar, quem sabe, a nossa casa em uma pequena mochila. O lar se tornará, então, apenas um sentimento que carrego comigo nessa rede de moradias compartilhadas pelo mundo. O lar-sentimento contém nossa produção cultural, nossos amores, nossas lembranças tristes e também as mais queridas, os momentos com família e amigos, os lugares que fomos e os lugares que somos.

Se nesse futuro vamos desterritorializar o habitar para ocupar geografias mais simbólicas e expandidas, onde não seremos mais vistos como brasileiros, mas como terráqueos, seremos então parte de uma cultura de sobrevivência, em que não se pratica mais o novo, mas se troca, se faz e se conserta. Se houver mundo, é porque houve afeto, e finalmente o mundo todo será essa nossa imensa casa híbrida.

Prótese Meu Lar

Prótese Meu Lar é um projeto-conceito. Trata-se do desenho de um sistema tecnológico, materializado como uma joia que deve ser implantada na pele, próxima ao coração. O desenho generativo dessa joia é sempre único, sua forma é criada a partir das emoções da pessoa. Trata-se de um minicomputador que carrega o nosso lar imaterial, contendo todos os nossos arquivos digitais pessoais, como fotos, músicas, livros, nossas redes sociais, vídeos e vozes das pessoas que amamos. Ao entrarmos em um ambiente, somos reconhecidos e a joia transforma qualquer espaço híbrido em um lar, customizando o local com essas memórias, transformando uma sala em algo conhecido e que nos pertence, preenchendo o vazio com rastros de emoções e com as nossas memórias mais afetivas.

FIGURA 87. Prótese Meu Lar, 2015, Estudio Guto Requena.
Imagens: Estudio Guto Requena
Criação: Guto Requena
Design paramétrico: André Romitelli
Desenvolvimento: Bruno Baietto e Júlia Mori
Impressão 3D: Stratasys Direct Do Brasil

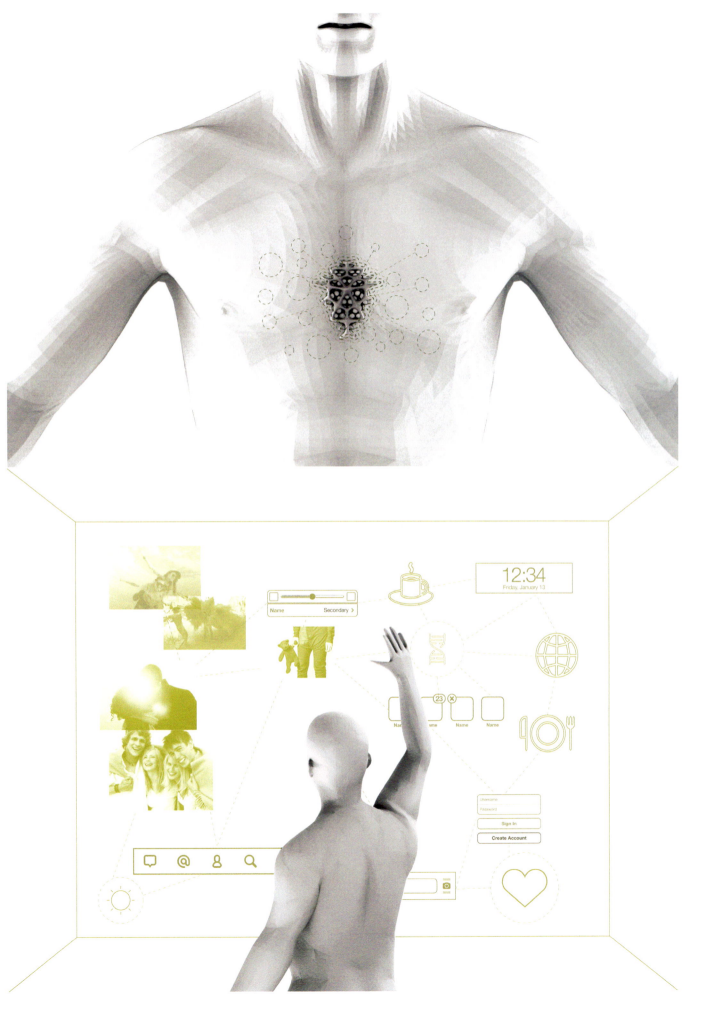

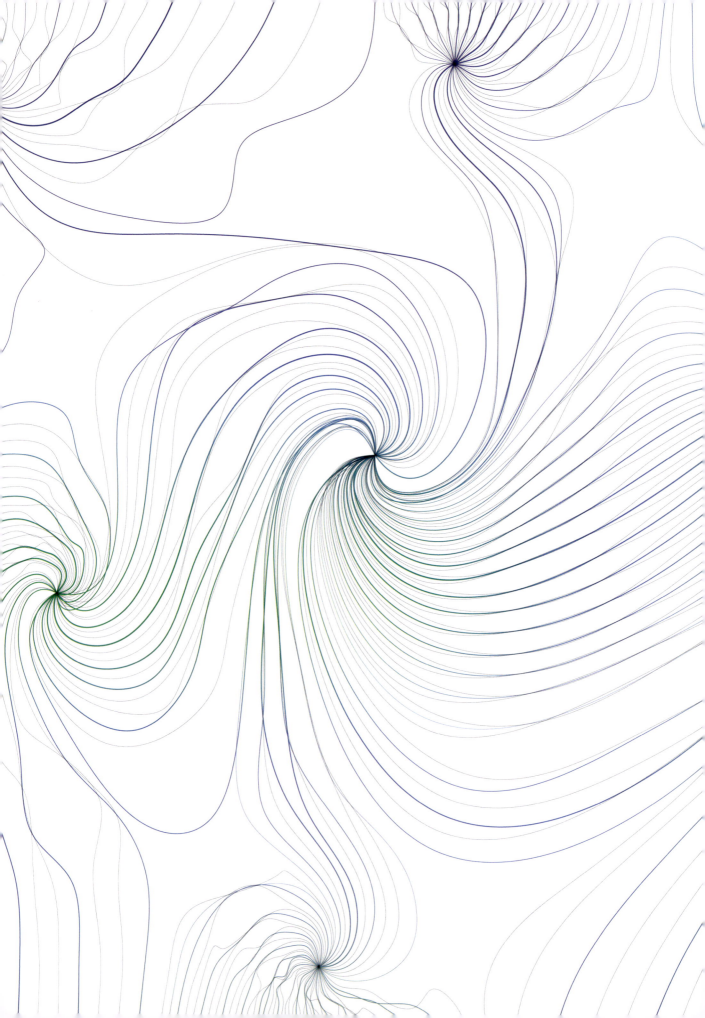

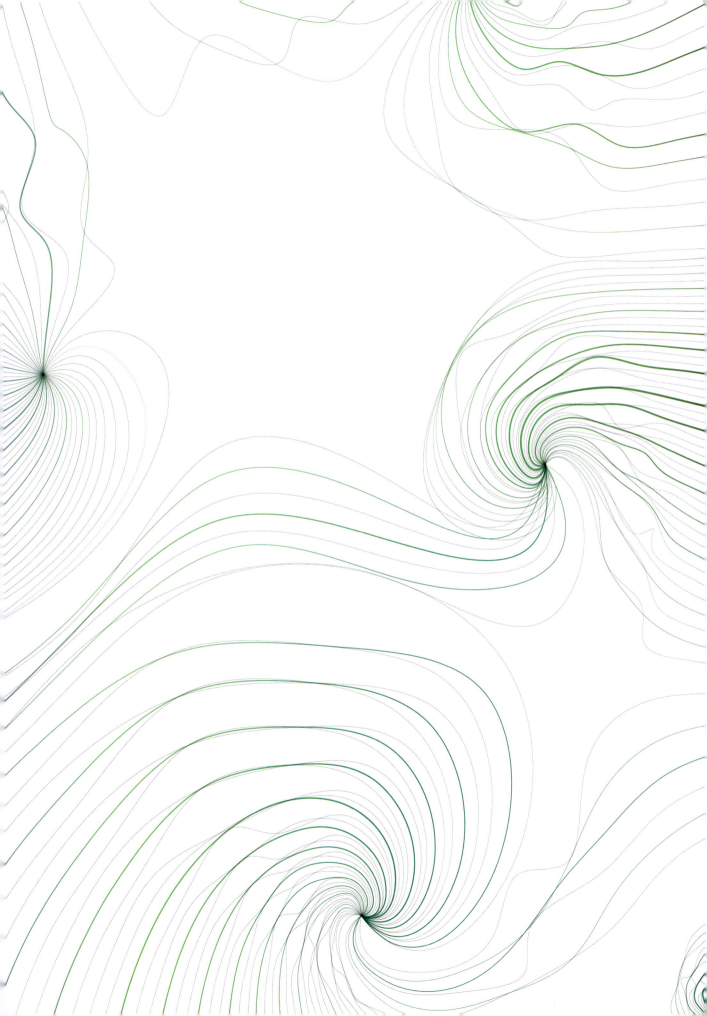

POSFÁCIO

GUILHERME GIANTINI

Quando Guto me convidou para criar elementos gráficos para este livro, simbolizando seus dez anos de carreira, seu único pedido foi que eu utilizasse dados do som para gerar um desenho que expressasse a importância dessa data e o traço de sua trajetória. Conhecendo-o há um bom tempo, perguntei-me qual música seria capaz de expressar suas qualidades mais evidentes: a alegria, a coragem e o amor pela vida e pelos amigos.

Foi quando associei tais características de personalidade ao trecho de uma música que escutava enquanto desenvolvia a metodologia prática de desenho:

IT TAKES COURAGE TO ENJOY IT THE HARDCORE AND THE GENTLE BIG TIME SENSUALITY. (BJORK, 1993)

Com o intuito de tornar gráfica a *Big time sensuality* da trajetória do Guto, as linhas que perpassam o *Habitar híbrido* foram desenvolvidas por meio de um processo algorítmico que empregou dados extraídos do som para criar a ilustração.

O trecho da música da cantora islandesa Björk foi incorporado a um ambiente de modelagem 3D e edição algorítmica. A sua interpretação consistiu em uma lista de valores de frequência, da qual dez dos maiores e menores valores foram identificados e utilizados como as coordenadas X e Y de pontos bidimensionais. Para conectar tais pontos, eles receberam cargas negativas e positivas, gerando um campo vetorial cujas linhas resultantes foram reagrupadas, a partir de um algoritmo de auto-organização espacial. O resultado é um conjunto de linhas que expressa de forma gráfica e abstrata a mensagem de coragem e gentileza para com a vida, algo que Guto inegavelmente faz.

INPUT SONORO

ALTAS E BAIXAS
FREQUÊNCIAS

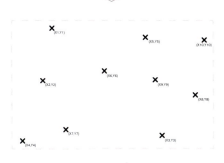

VALORES DE
COORDENADAS

LOCALIZAÇÃO
DOS PONTOS

Por fim, para os próximos dez e muitos mais anos de prática profissional do Estudio Guto Requena, desejo um caminho cheio de coragem em inovação e diversas conquistas!

ALGORITMO DE
CAMPO DE FORÇA

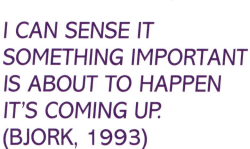

**I CAN SENSE IT
SOMETHING IMPORTANT
IS ABOUT TO HAPPEN
IT'S COMING UP.
(BJORK, 1993)**

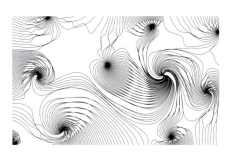

ALGORITMO DE
AUTO-ORGANIZAÇÃO

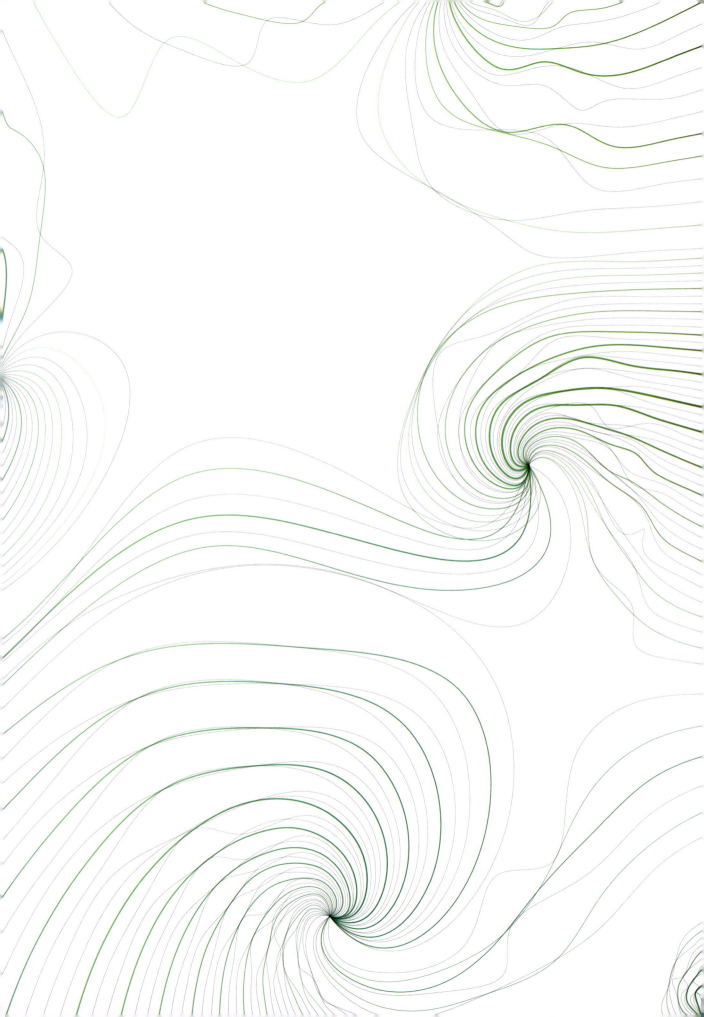

REFERÊNCIAS

AMADEU, F. **Sensíveis simbioses**: interação afetiva. 2006, 127 f. Dissertação (Mestrado em Arte e Tecnologia) – Instituto de Artes, Universidade de Brasília, Distrito Federal, 2006.

ARANTES, O. **O lugar da arquitetura depois dos modernos**. São Paulo: EDUSP, 1993.

ARIÈS, Ph. (org.). **História da vida privada**. São Paulo: Companhia das Letras, 1991, v. 1-5.

AVEDON, R. **The sixties**. Toronto: Random House, 1999.

BALDWIN, J. **Bucky works**: Buckminster Fuller's ideas for today. New York: John Wiley & Sons, 1996.

BALTAZAR, A. P. E-futuros: projetando para um mundo digital, **Portal Vitruvius**, Arquitextos 013, ano 2, jun. 2001. Disponível em: http://www.vitruvius. com.br/arquitextos/arq000/esp077.asp. Acesso em: 20 fev. 2019.

BEIGL, M. Ubiquitous computing: computation embedded in the world. *In*: FLACHBART, G.; WEIBEL, P. (org.). **Disappearing architecture**: from real to virtual to quantum. Stuttgart: Birkhäuser, 2005.

BENEDIKT, M. **Cyberspace**. Cambridge: The MIT Press, 1999.

BENJAMIN, W. A obra de arte na época da sua reprodutibilidade técnica. *In*: LIMA, L. C. **Teoria da cultura de massa**. Rio de Janeiro: Paz e Terra, 1980.

BERQUÓ, E. **A família no século XXI**: um enfoque demográfico. Revista Brasileira de Estudos de População, São Paulo, v. 6, n. 2, jul./dez. 1989.

BERQUÓ, E. Arranjos familiares no Brasil: uma visão demográfica. *In*: NOVAIS, F. (org.). **História da vida privada no Brasil**. São Paulo: Companhia das Letras, 1998, v. 4.

BERTOL, D. **Designing digital space**: an architect's guide to virtual reality. New York: Wiley, 1997.

BIOCCA, F.; MARK, L. **Communication in the age of virtual reality**. New Jersey: Lawrence Erlbaum, 1995.

BJÖRK. **Big time sensuality**. Debut. London: Olympic Studios, 1993.

BLOB. Direção: Irvin Shortess Yeaworth Jr. Produção: Jack H. Harris. Santa Clarita: Fairview Productions / Tonylyn Productions / Valley Forge Films / Paramont Pictures, 1958, 1 DVD (94 min.).

BRETON, P. **História da informática**. São Paulo: Ed. UNESP, 1991.

BROWNELL, B. **Transmaterial**: a catalog of materials that redefine our physical environment. New York: Princeton Architectural Press, 2000.

BUSH, V. As we may think. **The Atlantic Monthly**, jul. 1945. Disponível em: http://www.ps.uni-saarland.de/~duchier/ pub/vbush/vbush-all.shtml. Acesso em: 14 fev. 2019.

CARDOSO, C. A. P. Formas Arquitetônicas em Ambiente Computacional. *In*: VIII CONGRESSO IBERO-AMERICANO DE GRÁFICA DIGITAL, 2004, São Leopoldo. **Proceedings**... Porto Alegre: Unisinos, 2004. p. 317-319. Disponível em: http://cumincades.scix.net/data/works/ att/sigradi2004_317.content.pdf. Acesso em: 20 fev. 2019.

CARVALHO, J. A. M.; GARCIA, R. O envelhecimento da população brasileira: um enfoque demográfico. **Cadernos de Saúde Pública**, Rio de Janeiro, v. 19, n. 3, 2003. Disponível em: http:// www.scielo.br/scielo.php?script=sci_ arttext&pid=S0102-311X200300030 0005&lng=en&nrm=iso. Acesso em: 20 fev. 2019.

CARVALHO, M. do C. B. **A família contemporânea em debate**. São Paulo: Cortez, 1995.

CASTELLS, M. **A galáxia da internet**. Rio de Janeiro: Jorge Zahar, 2003.

CASTELLS, M. **A sociedade em rede**: a era da informação – economia, sociedade e cultura, v. 1. São Paulo: Paz e Terra, 1999.

CALIL, R. O fim da prancheta. **Folha de S. Paulo**, 8 jun. 2001.

CERTEAU, M. **A invenção do cotidiano**. Petrópolis: Vozes, 2003. v. 1-2.

COUCHOT, E. **A tecnologia na arte**: da fotografia à realidade virtual. Tradução Sandra Rey. Porto Alegre: Editora UFRGS, 2003.

DAL CO, F.; FORSTER, K. W. **Frank O. Gehry**: the complete works. Milano: The Monacelli Press, 1998.

DEITCH, J. **Post-human**, Amsterdam: Idea Books, 1992.

DEL CARLO, U.; ORNSTEIN, S. W. **Avaliação do edifício e da cidade**: medos e mitos. Sinopses – FAU-USP. São Paulo, n. 14, p. 5-12, dez. 1990.

DERTROUZOS, M. **O que será?** Como o novo mundo da informação transformará nossas vidas. São Paulo: Companhia das Letras, 2000.

DOMINGUES, D. (org.). **A arte no século XXI**: a humanização das tecnologias. São Paulo: Ed. UNESP, 1997.

DONATI, L. P. **Computador vestível**: Experiment(AÇÃO) tecnológica mediada, 2005. Disponível em: http://www. gutorequena.com.br/artigos_amigos/_ luisa.htm. Acesso em: 20 fev. 2019.

DUARTE, E. G. **Orlan**: do outro lado do espelho. Biblioteca on line de Ciências da Comunicação. Portugal, 2001. Disponível em: http://bocc.ubi.pt/pag/ Duarte-Eunice-Orlan.html. Acesso em: 20 fev. 2019.

ECHAVARRIA, P. **Arquitectura portátil**: entornos impredecibles. Barcelona: Structure, 2003.

ECO, H. **Como se faz uma tese**. São Paulo: Perspectiva, 1996. (Coleção Estudos).

EISENMAN, P. **Diagram diaries**: contributions in architectural design. New York: Universe Publishing, 1999.

ELEB, M. **L'invention de l'habitation moderne**: Paris 1880 – 1914. Paris: Hazan/Archives de l'architecture moderne, 1995.

FALEIROS, F. **Pix-me**: visibilidade e vigilância contemporânea. 2006. Disponível em: http://www.gutorequena. com.br/artigos_amigos/fabiana/artigo_ fabiana_faleiros.htm. Acesso em: 20 fev. 2019.

FLACHBART, G.; WEIBEL, P. (org.). **Disappearing architecture**: from real to virtual to quantum. Stuttgart: Birkhäuser, 2005.

FLUSSER, V. **Ficções filosóficas**. São Paulo: EDUSP, 1998, p. 29-34.

FLUSSER, V. **Pós-história, vinte instantâneos e um modo de usar**. São Paulo: Duas Cidades, 1983, p. 73-79.

GABLER, N. **Vida, o filme**: como o entretenimento conquistou a realidade. São Paulo: Companhia das Letras, 1999.

GALFETTI, G. **Model apartments**: experimental domestic cells. Barcelona: Gustavo Gili, 1997.

GERHART, J. **Home automation & wiring**. New York: McGraw-Hill Professional Publishing, 1999.

GIBSON, W. **Neuromancer**. New York: Ace Books, 1984.

GOMES, S. Arquitetura e representação gráfica: o impacto das novas tecnologias informacionais. **Revista Educação Gráfica**, Bauru, n. 6, 2002.

GOUTHORPE, M. **Precise Indeterminacy**: an Interview and Three Projects. PRAXIS – Journal of Writing and Building, n. 6. New Technologies – new architectures. New Orleans: Ed. Praxis Inc, mar. 2004.

GRAU, O. **Virtual art**: from illusion to immersion. Cambridge: MIT Press, 2003.

GRAU, O.; REICHLE, I. Legend, myth and magic in the history of telepresence. *In*: SIMPÓSIO INVENÇÃO –THINKING THE NEXT MILLENIUM. 1999, São Paulo. **Anais**... São Paulo: Instituto Itaú Cultural, ago. 1999.

GROSENICK, U. **Mulheres artistas nos séculos XX e XXI**. Köln: Taschen, 2005.

GUERRAND, R. H. Espaços privados. *In*: PERROT, M. **História da vida privada**: da Revolução Francesa à Primeira Guerra. São Paulo: Companhia das Letras, 1992, p. 325-411. v. 4.

HADDON, L.; SILVERSTONE, R. **Information and comunication technologies in the home**: the case of teleworking. CICT/SPRU Working Paper, Universidade de Sussex, Sussex, n. 17, 1992.

HALBERSTAM, J.; LIVINGSTONE, I. **Post--human bodies**. Bloomington: Indiana University Press, 1995.

HARAWAY, D. Manifesto ciborgue: ciência, tecnologia e feminismo--socialista no final do século XX. *In*: SILVA, T. T. da (org.). **Antropologia do ciborgue**: as vertigens do pós-humano. Belo Horizonte: Autêntica, 2000.

HARVEY, D. **Condição pós-moderna**: uma pesquisa sobre as origens da mudança cultural. São Paulo: Edições Loyola, 1993.

HOBSBAWM, E. **Era dos extremos**: o breve século XX. São Paulo: Companhia das Letras, 1997.

HOLT, S. S.; SKOV, M. **Blobjects & beyond**: the new fluidity in design. San Francisco: Chronicle Books, 2005.

HOMEM, M. C. N. **O palacete paulistano e outras formas urbanas de morar da elite cafeeira**: 1867-1918. São Paulo: Martins Fontes, 1996.

IBGE. IX **Recenseamento geral do Brasil**: 1980. vol. 1, t. 4, n. 1. Rio de Janeiro: IBGE, 1983. Disponível em: https://biblioteca.ibge.gov.br/visualizacao/periodicos/72/cd_1980_v1_t4_n1_br.pdf. Acesso em: 9 jan. 2019.

IBGE. **Censo demográfico 2010**: famílias e domicílios – resultados da mostra. Rio de Janeiro: IBGE, 2012. Disponível em: https://biblioteca.ibge.gov.br/visualizacao/periodicos/97/cd_2010_familias_domicilios_amostra.pdf. Acesso em: 19 dez. 2018.

IBGE. **Comunicação Social**. Censo demográfico 2000: Última etapa de divulgação do Censo 2000 traz os resultados definitivos, com informações sobre os 5.507 municípios brasileiros. Rio de Janeiro: IBGE, 20 dez. 2002. Disponível em: http://www.ibge.gov.br/home/presidencia/noticias/20122002censo.shtm. Acesso em 14 fev. 2019.

IBGE. **Distribuição da população por sexo e grupo de idade** – Brasil – 2010. Brasil em síntese. Disponível em: https://brasilemsintese.ibge.gov.br/populacao/populacao-por-sexo-e-grupo-de-idade-2010.html. Acesso em: 9 jan. 2019.

JAMESON, F. **Pós-modernismo**: a lógica cultural do capitalismo tardio. São Paulo: Ática, 2002.

JODIDIO, P. **Architecure now!** Cologne: Taschen, 2004.

KAC, E. Origem e desenvolvimento da arte robótica. **Veredas**, Rondônia, ano 3, n. 32, p. 12-15, 1998. Disponível em: http://www.unir.br/~portal/arterobotica.html. Acesso em: 24 out. 2004.

KERCKHOVE, D. A arquitetura da inteligência: interfaces do corpo, da mente e do mundo. *In*: DOMINGUES, D. (org.). **Arte e vida no séc. XXI**. São Paulo: Ed. UNESP, 2003, p. 15-26.

KIRNER, C.; TORI, R. Introdução à realidade virtual, realidade misturada e hiper-realidade. *In*: KIRNER, C.; TORI, R. (Ed.). **Realidade virtual**: conceitos e tendências. Pré-simpósio VII Symposium on Virtual Reality – SVR. São Paulo: Ed. SBC / Mania de Livros, 2004.

KOLAVERIC, B. Digital production. *In*: KOLAVERIC, B. (Ed.) **Architecture in the digital age**: design and manufacturing. New York: Taylor & Francis, 2003.

KOOLHAAS, R.; LINK, J.; BROWN, S. **Content**: perverted architecture. Kön: Taschen, 2004.

LANDOW, G. **Hipertexto**: la convergencia de la teoría crítica contemporánea y la Tecnología. Tradução Patrick Ducher. Barcelona: Ediciones Paidós, 1995.

LAUREL, B. **The art of human-computer interface design**. New York: Addison-Wesley, 1990.

LEÃO, L. **O labirinto da hipermídia**. São Paulo: Iluminuras, 1999, p. 55-77.

LEMOS, A. **Cibercultura**: tecnologia e vida social na cultura contemporânea. Porto Alegre: Sulina, 2004.

LEMOS, A. **Estruturas antropológicas do ciberespaço**. Textos de Cultura e Comunicação – FACOM-UFBA, 1996, Salvador. Disponível em: http://www.facom.ufba.br/pesq/cyber/lemos/estrcy1.html. Acesso em: 20 fev. 2019.

LEMOS, C. A. C. **História da casa brasileira**. São Paulo: Contexto, 1989.

LÉVY, P. **As tecnologias da inteligência**: o futuro do pensamento na era da informática. Tradução Carlos Irineu da Costa. Rio de Janeiro: Editora 34, 1993.

LÉVY, P. **Cibercultura**. São Paulo: Editora 34, 1999.

LIPOVETSKY, G. **A era do vazio**. São Paulo: Manole, 2005.

LYNN, G. **Animate form**. New York: Princeton Architectural Press, 1999.

MARCOS, C. M. **A reinvenção do cotidiano e a clínica possível nos "Serviços Residenciais Terapêuticos"**. Psyché, Universidade São Marcos, São Paulo, v. VIII, n. 14, p. 179–190, jul./dez. 2004.

MARTIN-FUGIER, A. Os ritos da vida privada burguesa. *In*: PERROT, M. (org.). **História da vida privada**: da Revolução Francesa à Primeira Guerra. São Paulo: Companhia das Letras, 1992. v. 4.

MAU, B. **Life style**. London: Phaidon Press Limited, 2000.

MAU, B.; LEONARD, J.; **Institute without Boundaries**. Massive change. New York: Phaidon Press Limited, 2004.

MCLUHAN, M. **Os meios de comunicação como extensões do homem**. São Paulo: Cultrix, 1964.

MCLUHAN, S.; STAINES, D. (org.) **McLuhan por McLuhan**: entrevistas e conferências inéditas do profeta da globalização. Tradução Antonio Danesi. Rio de Janeiro: Ediouro, 2005.

MIGAYROU, F.; GENIK, C. **Archilab**: future house. London: Thames e Hudson, 2001.

MITCHEL, W. J. **City of bits**. Cambridge: MIT Press, 1995.

MULDER, A. **Understanding media**. Roterdam: V2_Publishing/NAI Publishers, 2004.

NARDELLI, N. **Design para a experiência e o uso das tecnologias de informação e comunicação**. 2007. Memorial de qualificação (Mestrado). Departamento de Arquitetura e Urbanismo, Escola de Engenharia de São Carlos, Universidade de São Paulo, São Carlos, 2007.

NEGROPONTE, N. **A vida digital**. São Paulo: Companhia das Letras, 1995.

NOVAK, M. Dancing with the virtual dervish. *In*: Moser, M. A.; MACLEOD, D. (Ed.). **Immersed in technology**. Cambridge: The MIT Press, 1996.

OOSTERHUIS, K. **Entrevista cedida a Guto Requena**. São Paulo, 15 out. 2005, via e-mail. Tradução livre do autor.

PARADELLA, R. Número de idosos cresce 18% em 5 anos e ultrapassa 30 milhões em 2017. **Agência IBGE Notícias**, 26 abr. 2018. Disponível em: https://agenciadenoticias.ibge.gov.br/agencia-noticias/2012-agencia-de-noticias/noticias/20980-numero-de-idosos-cresce-18-em-5-anos-e-ultrapassa-30-milhoes-em-2017. Acesso em: 9 jan. 2019.

PARENTE, A. **O virtual e o hipertextual**. Rio de Janeiro: Pazulin, 1999.

PARENTE, A. (org.). **Imagem-máquina**: a era das tecnologias do virtual. Rio de Janeiro: Editora 34, 1996.

PIAZZALUNGA, R. **A virtualização da arquitetura**. Campinas: Papirus, 2005.

PÉREZ, C. Leituras cotidianas e espaços praticados: imagens do conhecimento do mundo. Uma reflexão teórico-metodológica sobre a função alfabetizadora da geografia nos anos iniciais da educação fundamental. *In*: REUNIÃO ANUAL DA ANPED, XXVIII, 2005, Caxambu. **Anais**... Portal da Associação Nacional de Pós-Graduação e Pesquisa em Educação, 2005. Disponível em: http://www.anped.org.br/reunioes/28/textos/GT13/gt131241int.pdf. Acesso em: 18 jan. 2006.

PERROT, M. Maneiras de morar. *In*: PERROT, M. (org.). **História da vida privada**: da Revolução Francesa à Primeira Guerra. São Paulo: Companhia das Letras, 1992, v. 4.

PICARD, R. **Affective computing**. Massachusetts: The MIT Press, 1998.

PRATSCHKE, A. **Entre mnemo e locus**: arquitetura de espaços virtuais, construção de espaços mentais. 2002. 162 p. Tese (Doutorado em Ciências da Computação e Matemática Computacional) – Instituto de Ciências Matemáticas e de Computação, Universidade de São Paulo, São Carlos, 2002.

PROST, A.; VINCENT, G. (org.). **História da vida privada**: da Primeira Guerra a nossos dias. São Paulo: Companhia das Letras, 1992, v. 5.

QUÉAU, Ph. **La planète des esprits**: pour une politique du cyberespace. Paris: Odile Jacob, 2000.

RASP, M. (ed.) **Contemporary German Photography**. Köln: Taschen1994.

REESER, A.; SCHAFER, Ashley. Precise Indeterminacy: an Interview and Three Projects – DECOI and Interview with Mark Goulthorpe. **PRAXIS – Journal of Writing and Building**, n. 6: New Technologies – new architectures. New Orleans: Ed. Praxis Inc, mar. 2004.

REQUENA, C. **Habitação e novas mídias**: equipamentos e seus usos no habitar contemporâneo, relatório final de Iniciação Científica – FAPESP, Nomads--USP, São Carlos, 2002.

REQUENA, C. **Habitação e novas mídias**: pensamento digital e concepção arquitetônica, relatório final de Iniciação Científica – FAPESP, Nomads-USP, São Carlos, 2003.

RHEINGOLD, H. **A comunidade virtual**. Lisboa: Gradiva, 1996.

RIBEIRO, F. M. **Insinuações semióticas em arquitetura**: do Pós-Modernismo aos Blobjects. Imago – PUC-Rio de Janeiro, 2004. Disponível em: http://wwwusers.rdc.puc-rio.br/imago/site/semiotica/producao/fabiola-final.pdf. Acesso em: 30 ago. 2005.

RIGHETTO, A. V. D. O desenho de arquitetura e seu desenho no tempo. *In*: CONGRESSO IBERO AMERICANO DE GRÁFICA DIGITAL – SIGRADI, IX, 2005, Lima. **Proceedings**... Disponível em: http://cumincades.scix.net/data/works/att/sigradi2005_421.content.pdf. Acesso em: 20 fev. 2019.

RUYER, R. **A cibernética e a origem da informação**. Rio de Janeiro: Paz e Terra, 1972.

RYBCZYNSKI, W. **Casa**: pequena história de uma ideia. Rio de Janeiro: Record, 1996.

SAINZ, J. **El dibujo de arquitectura**: teoria e história de un lenguaje gráfico. Madri: Editorial Nerea, 1990.

SANTAELLA, L. **Culturas e artes do pós-humano**: da cultura das mídias à cibercultura. São Paulo: Paulus, 2003.

SANTILLANA, G. **O papel da arte no Renascimento científico**. São Paulo: FAUUSP, 1981.

SEVCENKO, N. (org.). **História da vida privada no Brasil**. República: da Belle Époque à Era do Rádio. São Paulo: Companhia das Letras, 1998, v. 3.

SHAVER, P. Emotional knowledge: further exploration of a prototype approach. **Journal of Personality and Social Psychology**, jun. 1987. Disponível em: https://www.researchgate.net/profile/Phillip_Shaver/publication/19562788_Emotion_Knowledge_Further_Exploration_of_a_Prototype_Approach/links/549db3ba0cf2d6581ab64071/Emotion-Knowledge-Further-Exploration-of-a-Prototype-Approach.pdf. Acesso em: 15 fev. 2019.

SHEDROFF, N. **Experience design 1**. Berkeley: New Riders Publishing, 2001.

SILVA, A. S. Arte e tecnologias móveis: Hibridizando espaços públicos. *In*: PARENTE, A. (org.). **Tramas da rede**: Novas dimensões filosóficas, estéticas e políticas da comunicação. Porto Alegre: Sulina, 2004.

SILVA, T. (org.). **Antropologia do ciborgue**: as vertigens do pós-humano. Belo Horizonte: Autêntica, 2000.

SILVERSTONE, R.; HADDON, L. **Future compatible? Information and communication technologies in the home**: a methodology and a case study. Relatório preparado para a Comissão da Comunidade Econômica Européia. RACE Project 2086, SPRU, Sussex, 1993.

SILVERSTONE, R.; HIRSCH, E. **Consuming technologies**: media and information in Domestic Spaces. Londres: Routledge, 1992.

SMITH, C.; FERRARA, A. **Xtreme Interiors**. Munich: Prestel, 2001.

SOUZA, A. G. (org.). **Habitar contemporâneo**: novas questões no Brasil dos anos 90. Salvador: FAU-UFBa / LAB Habitar, 1997.

SPERLING, D. **Arquiteturas contínuas e topologia**: similaridades em processo. 2003. 229 p. Dissertação (Mestrado em Sistemas e Processos Construtivos) – Escola de Engenharia de São Carlos, Universidade de São Paulo, São Carlos: 2003.

SPUYBROEK, L. Entrevista cedida a Guto Requena em 2005, via e-mail. Tradução livre do autor.

SPUYBROEK, L. **Nox**: machining architecture. New York: Thames & Hudson, 2004.

STELARC. Das estratégias psicológicas às ciberestratégias: a protética, a robótica e a existência remota. *In*: DOMINGUES, D. (org.). **A arte no século XXI**: a humanização das tecnologias. São Paulo: Ed. UNESP, 1997.

TRAMONTANO, M. **Novos modos de vida, novos espaços de morar**: Paris, São Paulo, Tokyo. 1998. 399 p. Tese (Doutorado em Estruturas Ambientais Urbanas) – Faculdade de Arquitetura e Urbanismo, Universidade de São Paulo, São Paulo, 1998.

TRAMONTANO, M. Vozes distantes – organização e sociabilidade em comunidades informatizadas. *In*: AMADEU, S.; CASSINO, J. (org.). **Software livre e inclusão digital**. São Paulo: Conrad Editora do Brasil, 2003.

TRAMONTANO, M.; PRATSCHKE, A.; MOREIRA, E. Designer wanted! Interface usuário-computador, o design de um diálogo. *In*: CONGRESSO IBERO--AMERICANO DE GRÁFICA DIGITAL – SIGRADI – PROURB-UFRJ, IV, 2000, Rio de Janeiro. **Proceedings**... p. 316-318. Disponível em: http://cumincades.scix. net/data/works/att/d8f0.content.pdf. Acesso em: 15 nov. 2000.

TRAMONTANO, M.; PRATSCHKE, A., MARCHETTI, M., REQUENA, C. Under construction: o processo contínuo de produção de um site. *In*: CONGRESSO IBERO-AMERICANO DE GRÁFICA DIGITAL – SIGRADI, V, 2001, Concepcion, Chile. **Proceedings**... p. 117-119. Disponível em: http:// cumincades.scix.net/data/works/ att/8f3c.content.pdf. Acesso em: 23 mar. 2002.

TRAMONTANO, M.; REQUENA, C. Habitares: Processos de projeto de uma espacialidade híbrida. *In*: CONGRESSO IBERO-AMERICANO DE GRÁFICA DIGITAL – SIGRADI, X., 2006, Santiago – Chile. **Proceedings**... p. 405-407. Disponível em: http://cumincades.scix. net/data/works/att/sigradi2006_p004d. content.pdf. Acesso em: 23 mar. 2006.

TSCHUMI, B. Six concepts. *In*: TSCHUMI, B. **Architecture and disjunction**. Cambridge: The MIT Press, 1994, p. 228–259.

VILLA, S. B. **Apartamento metropolitano. Habitações e modos de vida na cidade de São Paulo**. 2002. 220 p. Dissertação (Mestrado em Tecnologia do Ambiente Construído) – Escola de Engenharia de São Carlos, Universidade de São Paulo, São Carlos, 2002.

VIRILIO, P. **O espaço crítico**. Tradução: Paulo Roberto Pires. Rio de Janeiro: Editora 34, 1993.

WATERS, J. K. **Blobtecture**: waveform architecture and digital design. Gloucester: Rockport Publishers, 2003.

WEISER, M. The computer of the 21st century. *In*: **Scientific American**, 265, 3. set. 1991, p. 66-75.

WIENER, N. **Cibernética e sociedade**. São Paulo: Cultrix, 1954.

YU-TUNG, L. Defining digital architecture. In: YU-TUNG, L. (ed.). **Defining digital architecture**: 2001 FEIDAD Award. Taiwan: Birkhäuser, 2000.

ZELNER, P. **Hybrid space**: new forms in digital architecture. Londres: Thames & Hudson, 1999.

Crédito: André Klotz.

SOBRE O AUTOR

Guto Requena, nascido em 1979 em Sorocaba, interior de São Paulo, graduou-se em arquitetura e urbanismo em 2003, pela Universidade de São Paulo (USP). Durante nove anos foi pesquisador do Nomads.USP, do Centro de Estudos de Habitares Interativos da Universidade de São Paulo. Em 2007, obteve o seu mestrado na mesma universidade, com a dissertação *Habitar híbrido: interatividade e experiência na era da cibercultura*.

Em 2008, Guto fundou o Estudio Guto Requena e, a partir daí, recebeu diversos prêmios, palestrou e expôs em mais de vinte países. Entre 2012 e 2015, foi colunista de design, arquitetura e urbanismo do jornal *Folha de S.Paulo*, além de colaborar com diversas revistas. Desde 2011, Guto cria, roteiriza e apresenta séries para a tevê, web e cinema.

O Estudio Guto Requena reflete sobre memória, cultura e narrativas poéticas nas diferentes escalas do design, como objetos, espaços e cidades. Sua obsessão em experimentar tecnologias digitais de modo emocional é o que une os seus projetos. Seu foco recente tem sido arte pública interativa e sua paixão em hibridar o analógico ao digital.

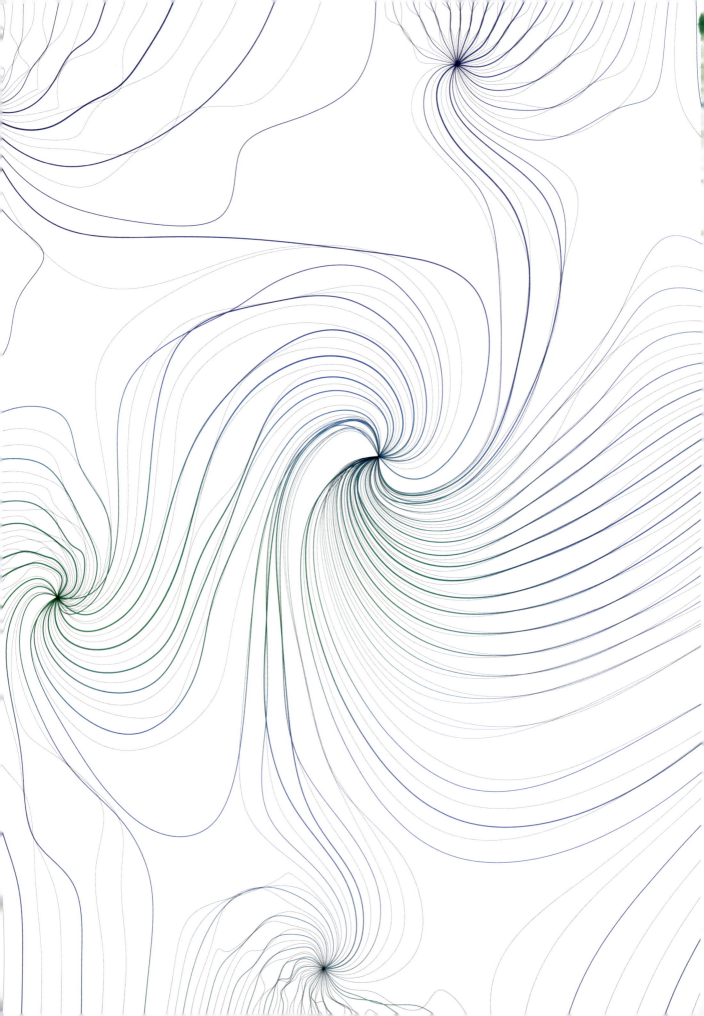